JN029160

88歳ひとり暮らしの
元気をつくる台所

多良美智子

はじめに

昭和9年に長崎で、8人きょうだいの7番目に生まれました。10歳の頃に被爆して終戦を迎えました。長兄は戦死し、母は終戦の翌年にガンで亡くなりました。長兄以外はみな女で、シングルファーザーになった父が姉妹7人を育ててくれました。

高校卒業後は、大家族から離れて自活をしてみたかったので、大阪に出て働き、ひとり暮らしを経験しました。その後、長崎に戻って再就職。その職場で、前妻を亡くして10歳の娘がいる、9歳年上の男性と出会い、27歳で結婚。男の子2人に恵まれました。

夫が勤めていた会社が倒産して転職のために、長崎から神奈川に引っ越しをし、当時新築だった50平米ほどの団地に入居。以来56年間、88歳の今も住み続けています。

子どもたちはとうに独立し、夫は8年前に亡くなりました。

私のひとり暮らしは、食事をつくったり、洗濯や掃除をしたり、買い物に行ったりとごく普通の毎日です。楽しみは家での読書や針仕事、地元の高齢者コミュニティや市民センターで週1~2回、習い事や趣味の会に参加すること。

年相応の不調はありますが、おおむね元気でマイペースに過ごしています。


2020年、次男の息子である孫（当時は中学生）とYouTube「Earthおばあちゃんねる」を始めました。最初の動画をアップしたのは8月9日、長崎原爆の日でした。

はじめは、コロナ禍で会えない親族に手紙を出すような気持ちでしたが、思いがけずたくさんの方々に見ていただいています。おかげさまで、登録者数が15万人を超えました。それがきっかけで昨年、本も出版させてもらいました。

次男は数年前からシングルファーザーとして、ひとり息子である孫を育てています。YouTubeを始めたのには、孫の得意なことを応援したいという気持ちもありました。

慣れないふたり暮らしが大変な時期、私が神奈川から千葉の家に通い、食事をつくっていました。今は、遠出が難しい年齢になったので、月に2回ほど週末に次男親子がわが家に来てくれています。私のつくった料理を一緒に食べ、それを動画に撮って、YouTubeにアップすることが多いです。


前書では生活全般をご紹介しましたが、本書はYouTubeでもメインの、食事と料理についてとなりました。

生家の両親も姉たちもみんな、食べること、料理をすることが好きでした。だから、私も自然にそうなりました。料理歴は高校生の頃から。それから70年、ずっと料理をしてきました。65歳のときには調理師学校に通い、免許をとりました。

いろいろな料理をつくってきましたが、行き着いたのは「簡単でおいしい」こと。シンプルが一番です。本書では、そんな私が普段つくっている料理、いえ料理とも言えない「料理以前の超簡単料理」をご紹介しています。

また、食に関わる思い出話も取り混ぜました。この年齢になり、なぜか子どもの頃のことがまざまざと蘇ってくるのです。生家があった長崎のことも、懐かしく思い出されます。

最後に、私の食事内容を管理栄養士の塩野崎淳子さんに見ていただきながら、お話をさせてもらいました。アドバイスは、とても勉強になりました。

この本が少しでもみなさまのお役に立てたら、とてもうれしく思います。

第3章　おいしく、しっかり食べる工夫

第4章　食事の時間を楽しむ工夫

第5章　無理なく自炊を続けられる台所の工夫

巻末対談 在宅栄養専門管理栄養士・塩野﨑淳子さん

第1章

88歳ひとり暮らしの、日々の食事

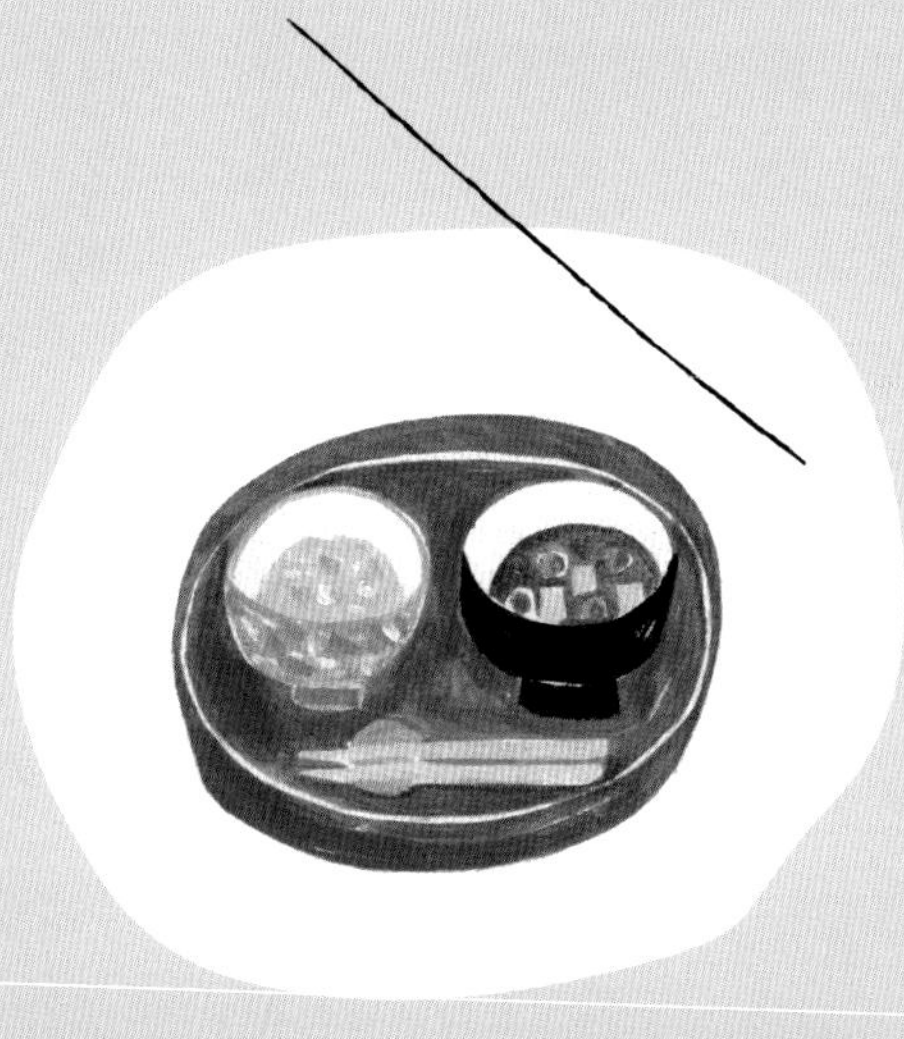

食べることは一番の楽しみ、元気の源です

振り返れば、長い人生のずっと、食事をつくり続けてきました。

20代、ひとり暮らしのときは自分のために。結婚してからは家族のために。子どもたちが独立してからは、夫とふたり暮らしのなかで。そして、8年前に夫が先立ち、ひとり暮らしに戻ってからは、自分のために。時々わが家に来る次男親子にも——。

65歳のときには調理師免許を取得しました。料理は好きで、苦になりません。その根底にあるのは、とにかく「食べるのが好き」ということ。おいしいものに目がないのです。


それは、長崎の生家にさかのぼります。

果物の卸と小売業を営んでいた父は、食べるのが好きで料理上手な人でした。終戦の翌年に母が亡くなってからは、男手ひとつで私たち7人姉妹を育ててくれました。

毎日の夕食をつくるのは父。商店街の組合長や地元の自治会長もしており、人を呼ぶのが大好きな人だったので、夕食には父の友人が誰かしら、一緒に食卓を囲んでいました。

大人数分の食事をつくるため、市場で野菜やら魚やらをトロ箱いっぱいに買ってくる父の姿を、今も思い出します。

買ってきた魚を自らさばき、お刺身に塩焼き、煮付け、身をすってツミレ、さらには干物に……と調理していた父。

どれもとてもおいしかった。長崎は魚がおいしい土地です。もともとおいしい魚を、

様々に調理して、さらにおいしくいただく……。食べること、料理することへの関心は、そんな父からの影響が大きいです。

年長の姉たちも父を手伝って、料理をしていました。私はそれを横から眺めるのが大好きでした。おいしいものができあがっていく過程は、何時間見ても飽きませんでした。

私も自分でおいしいものをつくって食べたい――それが私の料理の原点です。

日々の中で、食事は一番の楽しみ。元気の源です。それは88歳の現在も変わりません。「今日のお昼は何を食べようかな」と考える時間が、一番幸せです（笑）。

食べることが、生きる原動力になっています。自分ひとりの食事でも、食べたいものを食べるためなら、調理も苦ではありません。とはいえ、私の食事はごく質素で、簡単なものしかつくりませんが。

10歳のとき、長崎で被爆しました。被爆者手帳の交付を受けていますが、大きな病気もしないで過ごせたのは、しっかり食べてきたからかなと思います。

健康でいるために食事に気をつかうものですが、むしろ私は逆です。おいしくごはんを食べられる体でいるために、健康に気をつかっています。なにしろ食いしん坊なので（笑）。

さすがにこの歳になり、食が細くなりました。昔のようには食べられませんが、好きなものを少量でも楽しんで。毎食の時間を大切にしていきたいと思います。

三度の食事は自分で用意。でも調理はごく簡単に

1日の食事は朝昼夜、必ずとります。朝は7時、昼は12時、夜は6時半。特別なことがない限り、毎日同じ時間です。食事の時間を区切りにすると、メリハリがついて生活が整うように思います。

三度の食事は自分で用意します。出来合いのお惣菜を買ってくることは、ほとんどありません。自炊したほうが安上がりだし、自分の好きな味になるからです。

この間、試しに近くのスーパーで、肉豆腐弁当を買ってみました。肉豆腐は大好きなおかずですし、野菜の副菜も入っていたので、昼食になるなと思ったのですが、口に合いませんでした。やっぱり自分でつくったものが一番しっくりして、おいしいと改めて思いました。

新築で入居して50数年、毎日立ち続けた台所。コンロは2口、シンクも狭いですが、ここで色々な料理をつくってきました。

何を食べようか考え、食事の用意をするのは、良い脳トレ、運動になっているかもしれません。1日1回は近くのスーパーに買い物に行くので、それも運動になっていると思います。

とはいえ、手の込んだものはめったにつくりません。「調理は簡単に」がモットー。年をとって、無理なく自炊を続けるコツだと思います。

朝食は毎日、スムージーにゆで卵、りんごと決まっています。調理らしい調理はしません。夕食も、晩酌のおともに豆腐やちくわ、ぬか漬けなどを1、2品添えるだけ。どちらも準備に10分とかかりません。

唯一、準備に時間をかけ、しっかり食べるのが昼食です。それでも、特別なものをつくるわけではなく、冷蔵庫の残り野菜とウィンナーを炒めてパスタにしたり、味噌汁とご飯に塩鮭を焼いたり、といった程度です。

習い事に行っていて時間がないときなどは、「今日は納豆ご飯にしよう」なんていう日もあります。

でも、簡単なものでも自分で用意すれば、納豆は食べやすいひきわりに、小ねぎを添える、生卵も加える、卵を加えると納豆のタレだけでは味が薄くなるから醤油を足すなど、自分の好みの味、食感にすることができます。

これが自炊の醍醐味。うちのごはんが一番おいしいなと思う理由です。自分にとっておいしいと感じるものを、しっかり食べることが元気のもとです。

普段は粗食。しっかりと料理をするのは、次男と孫が来るときくらいです。唐揚げ、カレーライス、煮込みハンバーグなど、2人が好きなものをつくります。私も普段は食べないものを、一緒に食べられるので栄養補給に。

毎日だと大変ですが、時々こういう機会があるのは、メリハリがあっていいです。

栄養不足にならないよう、意識して色々な食材をとる

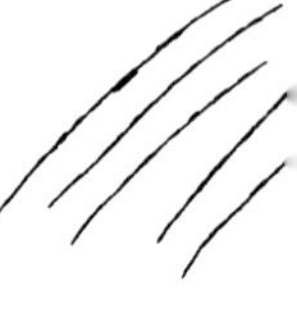

基本的に好きなものを食べていますが、栄養面も自分なりに気をつけています。

年をとり、栄養不足が気になります。食べることが好きな私ですが、量は食べられなくなりました。「栄養失調にはなりたくない」と思い、量は少なくても、なるべく色々な食材をとるようにしています。「体に良い」とされるものは、積極的に取り入れるように。

とくに意識しているのは、タンパク質。高齢者に不足しがちな栄養素で、足りなくなると筋肉が衰えて転びやすくなると聞きます。

今、週1~2回、写経、リフォーム、麻雀、歌などの習い事に出かけています。好きなことを続けるためにも、いつまでも動ける体にしたいと思っているのが、私のモ

チベーションになっています。

豆腐や厚揚げ、納豆などの大豆製品、ちくわやさつま揚げなどの練り物でタンパク質を補給しています。どれも、もともと大好物のものです。

それからよく食べるのは、アジのお刺身やイワシの缶詰、ウィンナー。そのまま食べたり、ちょっと手を加えるだけで、立派な一品になります。

朝食に必ずゆで卵を食べるのも、卵は栄養満点でタンパク質が豊富だと知ったから。

野菜もできる限りとるようにしています。

毎朝のスムージーには小松菜を入れています。かぶやきゅうり、大根をぬか漬けに。保存のきく玉ねぎやにんじん、じゃがいもは常備。味噌汁に入れる

ことが多いです。

キャベツは一度に千切りにしてレンジで火を通しておき、付け合わせに毎日少しずつ食べます。

一度にたくさんのおかずは食べられなくても、1食にちょこちょこと野菜を取り入れられるよう、工夫しています。

1日で栄養をとろうとすると難しいので、1週間単位で見るようにしています。家計簿として使っているノートに、食事欄をつくっています。食事の後すぐに、何を食べたか箇条書きにしておきます。「今週はタンパク質が足りないから、明日は肉か魚を食べよう」と、自分なりに食事改善を心がけています。


幸い、大きな不調はなく元気に過ごせていますが、さすがにこの年になってパーフェクトに健康、とはいきません。

コレステロールと中性脂肪の数値が高めで、薬をもらっています。血圧も少し高く、一番弱い薬で上は130、下は75を保っています。

私の味付けは濃いめです。長崎の実家の味付けが濃いめでしたので、私もそれを受け継いでいます。

濃いのは塩気だけでなく、砂糖も。

長崎は甘い味付けで有名です。江戸時代の鎖国の頃、数少ない貿易の窓口だった出島のある長崎には、砂糖が海外から持ち込まれていた歴史もあります。

砂糖をたっぷり入れた甘い濃いめの味付けはご馳走で、お客様へのおもてなしと言われてきたよう。

ずっと食べてきた味で、変えることも難しいです。その分、食べる量を減らすよう

高校の同級生にもらったポストカード。昔の長崎の街です。右側が新地町、今の中華街。私が生まれた頃は左側の本篭町（もとかごまち）に家があり、5歳で新地町に移りました。

に。自分なりに、味の濃いおかずはたくさん食べない、味噌汁の味噌の量は控え目にする、脂をとりすぎない、間食を減らすなど調節しています。そもそも食が細くなり、あまり食べられなくなっています。

ささやかな健康管理として、体重を毎朝測っています。台所に体重計を置き、朝起きてすぐ、お湯を沸かしている間に、体重計にのります。もともと太りやすい体質なので、太ると病気の原因になるのではないかと、気にしているのです。

とくに記録はしていませんが、前日との差を分析します。次男親子が来たときはボリュームのあるものを食べるので、300gほど体重が増えます。72歳から参加する「第九を歌う会」の練習に行った翌日は、200gほど減ります。歌を歌うことはエネルギーを使うんだと思いました。

お皿1枚、箸置きひとつで、ひとりの食事も豊かな時間に

食事の時間は大切にしたいので、ひとり分でもテーブルセッティングしています。常備菜を保存容器のまま出したりはせず、好きな器に盛って。昨日と同じものでも、器が変わると違った料理のように見えるから不思議です。ちくわや豆腐を切っただけのものも、器に盛りつけると立派な一品になります。私の粗食ごはんは、器にずいぶん助けられていると思います。

ダイニングテーブルにはクロスを敷いています。テーブルに食器がぶつかる音が緩和され、食事の時間が穏やかな雰囲気に。

以前は、その上に布製のランチョンマットを敷いていましたが、今は木製のトレーになりました。これは、お友達の家で使っていたものを気に入って、お店を教えても

らい、購入したもの。縁なしだから、トレーから器が少しはみ出ても大丈夫で、自由に配置できます。

このトレーを小さなキャンバスに見立てて、器を置きます。器は母や姉に影響されて、私も小さい頃から大好き。有田焼、益子焼、骨董など日本のものが多く、とくに料理を引き立てる藍色の器が多いです。器屋さんで、陶器市や骨董市で、長年かけて楽しみながら集めてきました。

小皿や中皿を贅沢に使い、一品ずつ盛りつけます。時々、ワンプレートの盛りつけをすることも。この料理はどの器に盛ろうかなと考える時間が、また楽しい。

それから、箸には箸置き、湯のみやコップにはコースターも必ずセットします。コースターは手づくりです。すべてをトレーに並べると、「さあ、ごはんを食べよう」という気持ちになります。

手を合わせて、「いただきます」と言ってから食べ始めます。調理は手抜きですが、ここは毎回手を抜きません。ひとりの食事も豊かな時間になるからです。

10年ほど前に1枚だけ買った、白いオーバル（だ円形）のお皿。「料理を盛ったら楽しそうだな」とピンときました。時々こうして、オードブルのように盛りつけて。

箸置き色々。よく使うのは、朱色の円形のもの。木製です。これは5個あり、来客時にも使います。緑色の葉っぱ形は長男作。真ん中の素焼きの2つは武相荘（旧白洲次郎・正子邸）で購入したもの。

「ひとりなのに、わざわざ面倒では？」と聞かれることがありますが、ひとり分なので、器の数が少ないから並べるのに時間はかからないし、洗い物もすぐ終わります。ごはんの時間をしっかり確保することで1日のメリハリになり、「昼ごはんの後は、読書をしよう」などと次の行動に移るきっかけになっています。

器好きなので、以前はたくさん持っていました。でも、数年前に生前整理をしようと思い立ち、娘と長男のお嫁さんに譲りました。ほとんど使っていない器はもったいないなと思っていたので、引き取ってもらって助かりました。結婚式の引き出物などは、高齢者コミュニティのバザーで売ったりもしました。

今、手元にある器は、一番のお気に入りです。数を減らしたことにより、使いたい器をサッと取り出せるようになりました。出し入れがラクになったのも、テーブルセッティングが面倒でない理由です。「あの器はとっておけばよかった」という後悔はないので、思いきって減らしてよかったです。

自分の食べたいものをつくる——70年の料理歴の原点

生家は大家族でした。好きなものをつくってほしくても、家族が多いのでなかなか自分の要望が通りません。また、姉妹の下のほうだったから、姉たちに先に食べられて、お皿にはちょっとしか残っていないことがしょっちゅう。

子どもの頃、大好きだったのが、もやしの塩こしょう炒め。玉ねぎの塩こしょう炒めも好きでした。かぼちゃをふかして、塩をぱらぱらと振ったものも好物でした。大好きなのに、少ししか食べられません。

「大人になったら、自分で好きなだけつくって、お腹いっぱい食べたい」と、夢ふくらませていました(笑)。今でも、もやしの塩こしょう炒めはよくつくります。

高校生の頃、好物のさつま揚げを自分で甘辛く煮て、お弁当に持っていっていました。家の向かいの大きなかまぼこ屋さんに朝、2枚買いに行き、自分で調理するのです。その頃から、すでに「自分が食べたいものは自分でつくる」と思っていました。

高校3年の夏休みの自由研究として、家族の夕食を毎日つくることにしました。姉3人はすでに嫁いでいたので、姉2人、妹、父、私の5人分です。

「私が1ヵ月、夕食をつくる」と言うと、姉たちは毎日の夕食づくりから解放されると、「やってやって！」と大賛成。

ちゃんとした料理をしたことは、それまでありませんでした。でも、父や姉たちが料理をしているのはずっと見てきました。

母の生前も、母が台所に立つのをそばで

家族全員の写真。前列左から2番目が母、その隣が父。真ん中が私、その右隣が8歳下の妹です。制服姿の青年は、当時2階に下宿していた海軍さんたち。

眺めていました。時々、母から「橙を絞って、ここに混ぜてね」などと言われ、その通りにやっていました。
そんなことを小さいときから繰り返して、調理の仕方、味付けなどを、自然に身につけていったのかもしれません。だから、姉たちに教えてもらわなくても、見よう見まねでつくりました。

そんなに上手にはつくれなかったけれど、毎日楽しかった。「やるって言わなければよかった」とは思いませんでした。「今日は何をつくろうかな」と考えるのも好きでした。

具体的に何をつくったか、あまり記憶にないのですが、カレーをよくつくったことは覚えています。私が大好きだったからで、「自分の食べたいものをつくった」のだと思います。他は、ほうれん草のおひたし、かぼちゃの煮物、イワシのしょうが煮、豆腐とわかめの味噌汁など、どれも自分が大好きなものばかりです。
夏休みの自由研究といっても、1ヵ月つくったものをノートに書いただけです。夏休み明けに、家庭科の先生に提出したら、「よくつくったわね。これにカロリー計算が入っていたら、もっとよかった」と言われました。カロリー計算までは考えつきませんでした。

この1ヵ月の経験で、料理の楽しさに目覚めたように思います。

高校卒業後、大阪でひとり暮らしをしながら、叔父の会社でタイピストとして働いていました。大家族だったからひとり暮らしに憧れ、自活もしてみたかったのです。

下宿していた部屋の台所は、大家のおばあちゃんと共同。冷蔵庫のない時代です。そんなに上等のおかずはつくれないけれど、時々ちょっと豪華に、ひとりすき焼きをしたことも。夕食はすき焼き、翌日のお弁当に残りを詰めて、さらに、その夜は残った汁でうどんにしていました。

牛肉は奮発したけれど、3食分になったので安上がりかも（笑）。ほとんど具のない汁でつくった3食目のうどんが、一番印象に残っていたりします。

こんなふうに、どうにか工夫して、ひとり暮らしでも食事づくりをしていました。

お金はなかったけれど、自分の食べたいものをつくれるので楽しかったですね。

結婚して子どもが生まれてからは、家族のために料理をしていましたが、やっぱり自分の食べたいものを多くつくっていた気がします。

ついこの間、次男から「子どもの頃によく食卓に並んだ、野菜のあんかけがかかったアジの唐揚げは、あんまり好きじゃなかった。お母さんは自分の好きなものばかりをつくっていたよね」と、言われました。

YouTubeでも紹介したメニューで、私が大好きだったもの。魚も野菜も食べられて体に良いからと、せっせとつくっていましたが、まさか苦手だったとは。「大人になった今ではおいしいと思うようになった」と言ってくれましたが、かわいそうなことをしました（笑）。

でも、「自分の食べたいものをつくる」のは、料理をする人の特権ですね。ひとり暮らしの今でも、食べたいものを食べるために料理しています。

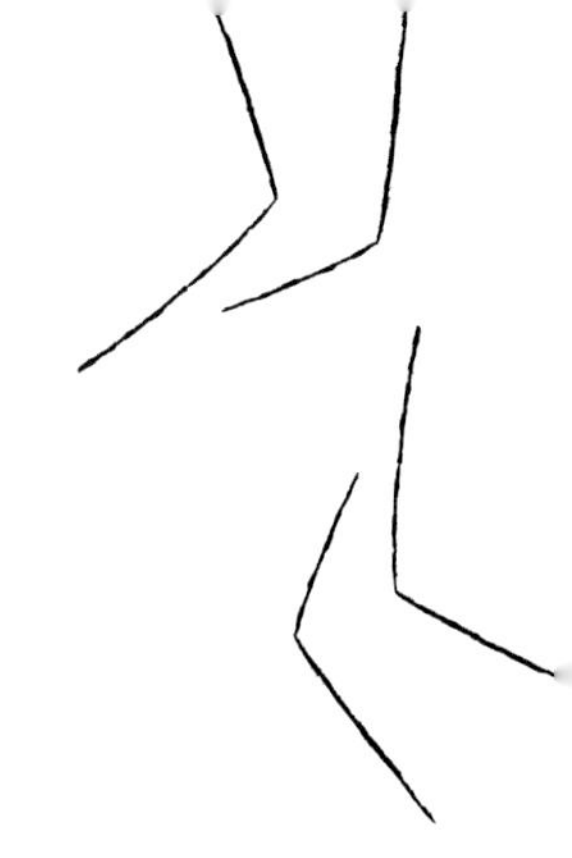

ひとり分だからできる、ちょっとした贅沢と冒険

夫は、現役時代は営業マンで、お付き合いやパーティーなど外食も多かったのですが、お酒が飲めません。「みんなが飲んでいる中で食べられないよ」というタイプで、遅くなっても夕食は家で食べていました。定年退職してからは3食、家で食べていたので、子どもたちが独立しても夫の食事はいつも気にしていました。

とくに夕食は、夫は6時に食卓についていたので、プレッシャーです（笑）。相手がある食事だと、今のように簡単に「湯豆腐とちくわでいいわ」というわけにもいきません。唐揚げ、肉じゃが、肉豆腐、ハンバーグと、ボリュームのあるおかずと副菜や汁物をつくっていました。

外出していてお友達と話が盛り上がっても、夕方近くになると、夕食準備のために私だけ先に帰ることも多かったです。

夫は何でも「おいしい」と言って食べてくれたので、料理のしがいはありましたが、自分のためにだけつくればいい今は、やっぱり気楽です。自分の好きな時間に、粗食でいい解放感。ひとり分だから、用意も簡単です。

かつてはパンも生地からこねてつくっていました。お菓子もシュークリームなど、何でも手づくりしました。調理師学校にも通い、和洋中ありとあらゆる料理をつくってきました。もうやりきったので、今はしません。

「食べてくれる人がいなくて張り合いがないのでは?」と、聞かれることがありますが、他にやりたいことがたくさんあるので、寂しい気持ちはありません。

ひとり暮らしの食事は、少し高いものを食べられるという利点もあります。

家族が多いと、どうしても質より量になります。今は豆腐もちくわも、200円ほどするものをちょっと贅沢して選びます。といっても、もとが安いので、たかが知れていますが(笑)。ひとり分だから、1食あたりは安くなり、家計にも特別響きません。

家にいるときはたいていエプロンをつけています。どれも手づくり。このエプロンは久留米絣でつくりました。ワンピースのように、長い丈の羽織るタイプが多いです。

この間、習い事先で、「無印良品の『食べるスープ　北海道産玉ねぎのオニオンスープ』がおいしいの。湯を入れるだけで簡単よ」と教えてもらいました。

早速、お店で購入したら、レジで店員さんから「スープに溶けるチーズをのせて、電子レンジで加熱するともっとおいしくなりますよ」と追加の情報を仕入れました。家でやってみたら、本当に簡単でおいしいんです。

新しい商品を気軽に試したり、自分の好みの商品を探したりできるのも、ひとりの食事だからこその楽しみです。

残りの人生は私だけのもの。誰に気がねすることなく、自分の食べたいものを食べる。長生きのご褒美だと思っています。

第2章
料理をシンプルに、ラクにする工夫

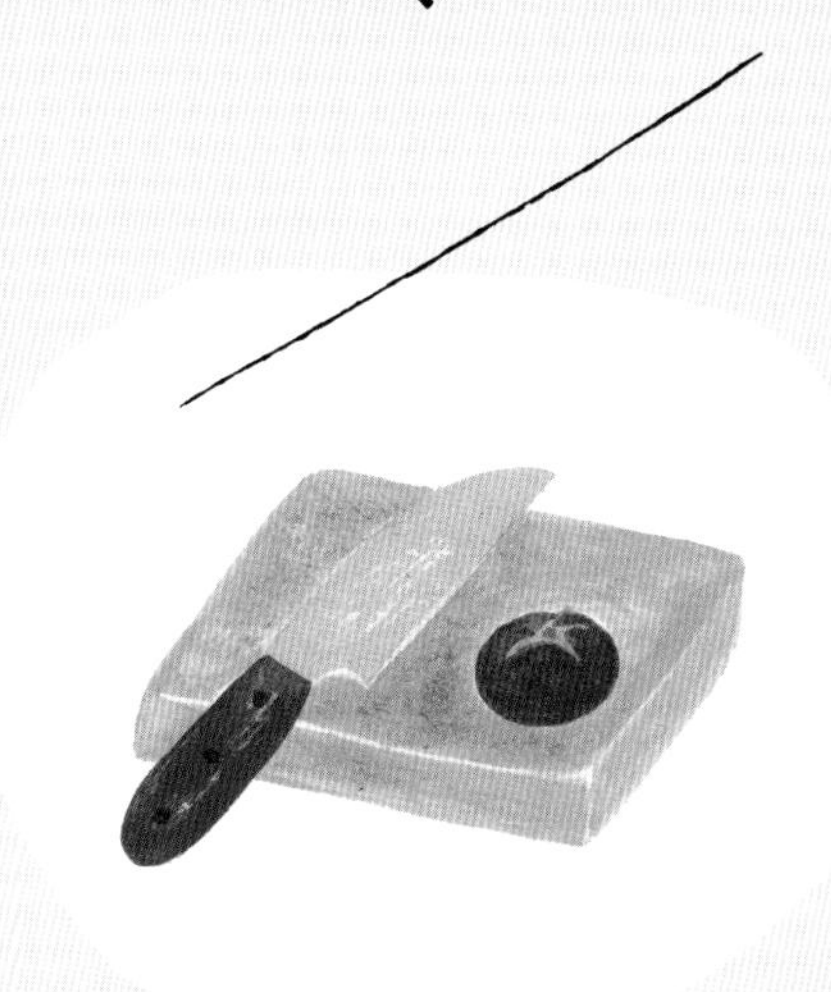

朝は毎日健康スムージー、夜は晩酌。料理するのは昼の1食

毎日の食事時間を決めているとお話ししましたが、内容もパターン化しています。毎日3食の献立を考えるとなると大変です。朝食はスムージーにゆで卵とりんご、夕食はお酒と豆腐、つくりおきの副菜など冷蔵庫にあるもの1〜2品で固定。3食のうち、朝夕の2食については考えなくていいようにしています。あらためて「つくる」となるのは、昼食だけ。1回だけだから、楽しんでつくることができます。

〈朝食〉

朝食のスムージーは夫の生前から、健康のためにと2人で飲んでいました。当時は牛乳にバナナ、りんご、小松菜、すりごまをミキサーにかけていました。

夫は88歳のとき大動脈瘤で倒れました。手術は成功して退院しましたが、もう固形物は食べられません。ケアマネジャーさんにすすめられた介護食も試してみたけれど、ダメでした。唯一、ずっと飲んでいたスムージーだけは、口に入れることができたのです。

孫（娘の息子）からプロテインを加えることをすすめられ、コップ1杯毎日飲んでいました。

夫は、退院して50日ほどで亡くなりました。スムージーのおかげか、50日間命をつなぐことができ、私はしっかり看病をして見送ることができました。

その命のスムージーを、ひとりになってもずっと飲み続けています。スムージーはするりと飲め、食べる時間もかからず、ラクです。

今は、体に良いと言われているものを私なりに取り入れ、内容を少し変更しました。小松菜、りんごの皮、すりごま、おからパウダー、オートミール、プロテイン、アマニ油、牛乳をミキサーにかけるだけです。

小松菜は1束を買ってきたら、刻んで保存袋に入れて冷凍しておきます。スムージー1回分は少量なので、残りを野菜室で保存するとしなびてしまうし、その都度刻むのは面倒だったので、冷凍法を思いつきました。

りんごは実の部分を食べるようになったので、皮だけを使っています。以前、りんごは皮ごと食べていたけれど、歯が弱くなったので最近はむいています。でも、皮に栄養があるので捨てるのはもったいないからと、スムージーに入れることにしました。

りんごは半個です。さらに、ゆで卵1個も食べます。卵は一度に5個まとめてゆで、冷蔵庫に。

1日の栄養のかなりの部分は、ここでとれていると思うと、気がラクです。「今日も1日元気で過ごせる」というお守りにもなっています。

〈 **昼食** 〉

昼食は、少し手間をかけます。「何を食べようかな」と考えるのも楽しみのひとつ

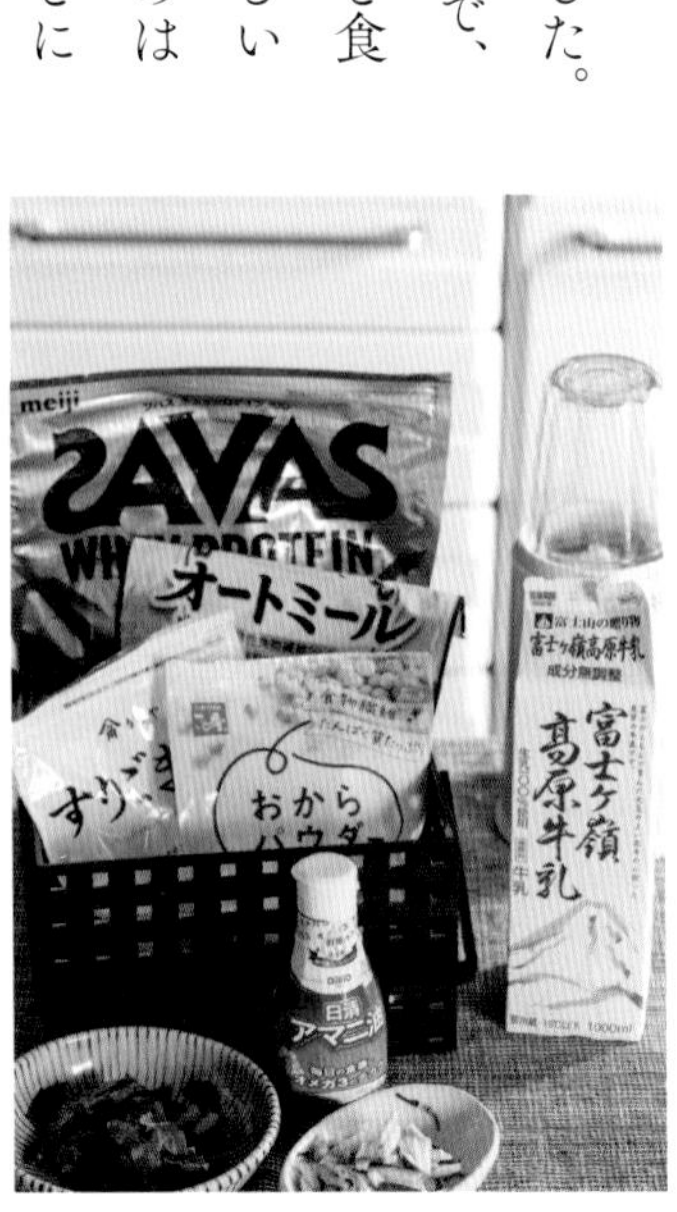

スムージーに入れるもの。自分なりに組み合わせ、今にいたります。

朝食。毎日同じです。スムージーはコップ１杯分。ゆで卵は一度にたくさんゆでてあります。りんごは小さく薄く切り、食べやすいようにしています。

です。

栄養バランスを考えながら、肉や魚、卵などのタンパク質、野菜、炭水化物をしっかりとるように。ここで色々食べているので、朝食、夕食が毎日同じものでも飽きないのかもしれません。

パスタなど麺類の一品物もありますが、ご飯とおかず、汁物をそろえる「定食式」が多いです。

ひじき煮やきんぴらなど、おかずは多めにつくってストックし、数日かけて食べることも。

ごはんは時々、オートミールにしています。オートミール30gに水50ccを入れ、ラップをかけずに600Wの電子レンジで1分半加熱するだけ。お粥のような食感のやさしい味なので、和食にも合います。便秘解消にも効果があるように思います。

〈夕食〉

夕食は、晩酌がメインです。お酒が好きなので、1日の終わりの楽しい時間。「今

昼食。ご飯はオートミールです。これにおかずと漬物などをつけるのが定番。日によっては麺類にすることも。昼食が一番ボリュームがあります。

日も元気で過ごせた」と、ほっと一息つきます。毎日、蕎麦猪口に1杯、日本酒をいただきます。

おかずは日本酒に合うものを少しだけ。メインは豆腐で、冬は湯豆腐、夏は冷奴です。豆腐は、子どものときから大好きなので、毎日食べても飽きません。

あとは、ちくわを切ったもの、つくりおきの副菜などを添えますが、昼食をしっかり食べているので、夕食は軽めです。そのほうが胃腸の調子もいいし、睡眠の質にも影響しているように思います。

昼食のタンパク質が少なめだったなと思ったときは、冷凍してある鶏の手羽中に塩こしょうをして、魚焼きグリルで10分ほど焼いていただきます。酒の肴にピッタリだし、タンパク質もとれる簡単メニュー。

もっとお腹に余裕があるときは、蕎麦や素麺などの麺類を食べて、炭水化物をとることも。夕食をもっと食べたいなと思うときは、昼食が軽かったから。自分の体の声に正直に、時にはイレギュラーなことも取り入れています。

夕食。晩酌のお供に、ごく軽くつまむものを。この写真の品数は多いほう。もっと少なく、冷奴だけという日も。お酒は本当はもっと飲めますが（笑）自制して。

多くの調味は醤油と砂糖だけで。出汁なしでコクを出すコツ

私の味付けはシンプルに、醤油と砂糖が基本です。出汁はほとんどとりません。さつま揚げ、厚揚げ、サバ缶、鶏の手羽中など、旨味のある食材を使います。小松菜とさつま揚げ、いんげんと厚揚げ、サバ缶と白菜など、野菜と組み合わせて煮ると出汁いらずでもおいしいです。

昆布とカツオ節で出汁をとっていた頃もありますが、ひとり暮らしの今はほとんどとりません。おでんのときくらいです。味噌汁やうどんのときは粉末出汁で。冬の晩酌のお供は湯豆腐ですが、このときは昆布を使います。といっても、土鍋に水と昆布、豆腐を入れて1時間ほどおき、食べる10分前に火にかけるだけ。たいていの和食の味付けは、醤油と砂糖で間に合います。あとは塩、時々お酒。み

マヨネーズにドレッシングを混ぜるのがおすすめ。先に別の容器で混ぜてから、なんて面倒なことはせず(笑)、それぞれ直接サラダにかけてしまいます。

左／シンク下の収納。調味料は限られたものを。よく使う酢は大瓶で買います。右／冷蔵庫のドアポケット。オイスターソースは必須。カレーに入れるスパイス類も。

りんも買ってありますが、砂糖ばかり使うので、全然減りません。

欠かせないのは、酢です。酢っぱいものが好きで、食材の保存のためにも酢はよく使います。

オイスターソースも常備しています。よくつくる肉野菜炒めは、簡単だし、野菜や肉もとれて栄養バランスもいいのですが、いつも塩こしょうの味付けだと飽きます。時々オイスターソースを加えると、コクが出るし、味に変化がつきます。

マヨネーズも使います。シンプルに、ゆでた野菜にかけます。ドレッシングと混ぜて、野菜サラダにかけることも。ドレッシングと合わせることで、マヨネーズの味の強さがまろやかになり、とろっとして野菜にからみやすくなります。ドレッシングはあっさりした和風味がちょうどいいです。

料理上手な作家の向田邦子さん、料理家の有元葉子さんが大好きで、2人の本は時々読み返しています。今でも、本屋さんに行くと必ず料理本はチェックし、興味を

お気に入りの料理本。とくに向田邦子さんのこの本は、何度も読み返している愛読書です。粋でセンスの素敵な向田さんのファン。

引いたものは、買うこともあります。

でも、レシピ通りにつくることはありません。素材の組み合わせ方、調味料の使い方などエッセンスはいただき、あとは自分好みの味付けに。盛りつけ方を参考にすることが多いです。

調味料を計って入れることもありません。調理師学校のときは計っていましたが、実生活ではやりません（笑）。その代わり、味見は必ずします。これが一番簡単で、確実に自分好みの味になる方法です。

味付けは「食べるときにする」「薬味でメリハリを加える」

調理を手早く、ラクにするために、味付けは「食卓でする」ことも多いです。

たとえば、鶏もも肉を鍋に入れて、ほおっておくだけのゆで鶏は、とくに味付けはしません。粗熱がとれるくらい冷めたら、薄く切って器に盛りつけ、酢醤油でいただきます。ぽん酢醤油でもいいのですが、醤油に酢を足すだけの酢醤油がお気に入り。酢が大好きなので、ちょっと多めに入れて、好きな味に調整できます。

子どもの頃は、庭の橙の木から実をとってきて、それを絞って醤油に加え、ぽん酢醤油をつくっていました。


この酢醤油は、何にでも合う万能たれです。鶏皮をゆでて細切りにしたもの、エリンギをさいて魚焼きグリルで焼いたものなど、味付けなしで調理したものがおいしくなります。晩酌の肴の湯豆腐は昆布出汁で薄く味つけして、食べるときには酢醤油です。

ちょっと意外な使い方は、すりおろした山いもにかけること。ご飯にかけると、何杯でも食べられます。子どもたちも大好きで、安上がりなので家計がピンチのときによく登場しました。

私は、酢醤油に柚子胡椒(ゆずごしょう)を添えます。九州の名産ですが、今はどこでも手に入るようになりました。柚子胡椒は私の食事に欠かせません。酢醤油に合わせるだけでなく、うどんに入れたりもします。シンプルな料理にアクセントを添えてくれる、まさしく万能の調味料です。

ちくわは切っただけでお皿に盛り、わさび醤油でいただきます。豆腐はこれも、器に盛るだけの冷奴が夏の定番です。小ねぎ、しょうが、みょうが、大葉などの薬味、カツオ節をたっぷりのせます。

薬味も「食卓での味付け」のひとつですね。柚子胡椒と同様、シンプルな料理にメ

ゆで鶏を酢醤油と柚子胡椒で

沸騰して火を止めた湯に鶏肉を入れ、数時間放置するだけ。しっとり中まで火が通ります。

冷奴にたっぷりの薬味を

しょうがは板状に冷凍したものの端を折って。薄いのですぐに溶けます。

リハリを加えてくれます。

小ねぎの小口切りとしょうがのすりおろしは、冷凍庫に常備しています。小ねぎは買ってきたら、すぐに全部小口切りに。「時間のあるときに」と後回しにすると、絶対やりません（笑）。冷蔵庫でしなびてしまう前に一気に処理し、保存容器に入れて冷凍庫へ。

以前は冷凍ねぎが固まってしまい、使うときに苦労していました。

その映像がYouTubeで流れたら、見てくれた方から「キッチンペーパーの上にねぎを置くと固まりませんよ」と教えて

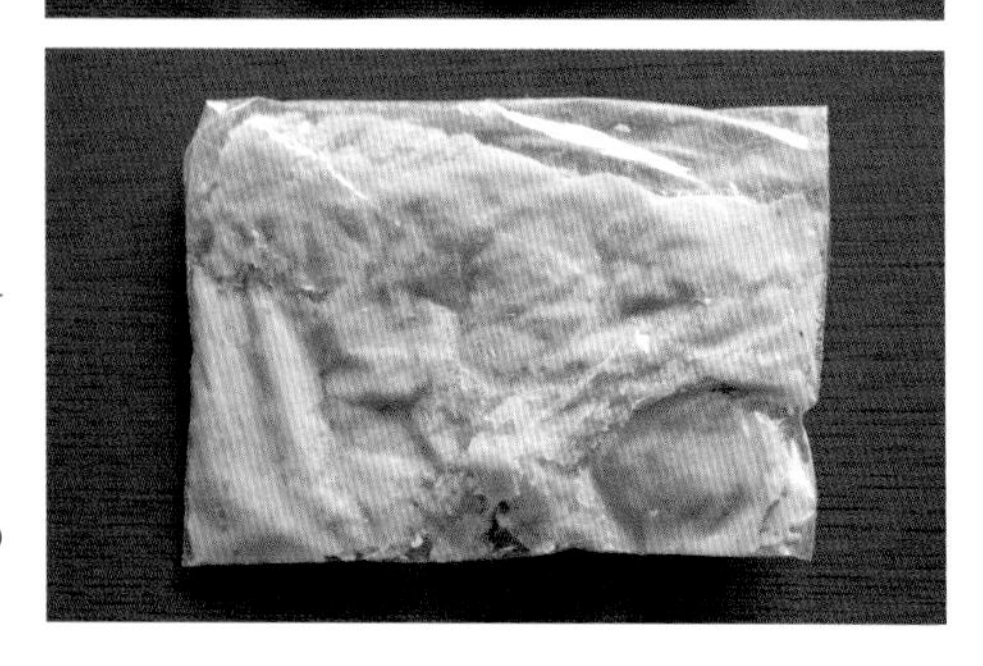

薬味を冷凍ストック

上／小ねぎは小口切りにしてタッパーに入れ、その上にキッチンペーパーを。
下／しょうがは丸ごとすり、板状にして冷凍。パキッと折れるように薄く広げるのがポイント。

もらいました。小ねぎの上にキッチンペーパーをのせ、フタをし、ひっくり返して冷凍保存します。

料理に青みがあるとおいしそうに見えるので、色々なものに小ねぎをのせています。

しょうがも小ねぎと同様、買ってきたらすぐに全部すりおろします。一気にやってしまえば、それほど面倒ではないものです。そして、保存袋に平らになるように入れ、冷凍庫へ。必要な分だけパキッと折って使えるので、便利です。

しょうがはチューブもありますが、やっぱり自分ですりおろしたほうが、断然香りがいい。何でも簡単にしたい私ですが、ここは少し手間をかけます。

でも、すりおろすところだけがんばったら、あとはラク。冷奴、厚揚げを焼いたもの、アジのお刺身に冷凍のまま添えると、すぐに自然解凍されます。一度にたくさん使うものではありませんから、しばらくもちます。

「日もちしない」「メニューの幅がせまい」野菜は買わない

よく買う野菜は、玉ねぎ、じゃがいも、キャベツ、にんじん、大根、トマト。メニューの幅が広く、傷みにくいものです。そして、少しくらい傷んでも、最後はスープや味噌汁、野菜炒めなどに使えるものばかり。ひとり暮らしなので無理せずに、使いやすいものを買うようにしています。

長ねぎ、ごぼう、れんこんは、ひとり暮らしのおかずになかなか登場しない野菜なので買いません。

長ねぎといえばすき焼きですが、ひとりではやらないし、冷蔵庫で場所もとるので、私は玉ねぎ派です。玉ねぎはメニューの幅が広く、長くもつので使い勝手がいい野菜です。

また、そばやうどんに入れたり、豆腐に添えたりするのも、長ねぎではなく小ねぎです。長ねぎよりクセがなく、緑の彩りもよくて、こちらも使い勝手がいいです。

ごぼうやれんこんも、家族がいたときはきんぴらや煮物にしていたけれど、今はしません。きんぴらは、にんじんでつくります。ごぼうもれんこんも好きなのですが、ひとりでは消費しきれず、れんこんは傷むのが早いので、そこは割り切って。

さつまいもも料理にはあまり使わないので、「焼きいもにする」ときだけ買います。じゃがいもなら、じゃがいも。味噌汁、スープ、肉じゃがなど色々使えるので、じゃがいもは切らしません。

枝豆が好きなのですが、これもひとりでは1袋食べきれません。少量で売られている、ゆでたものを買ってきます。

ほうれん草やニラなど、葉物も冷蔵庫に入れておくと、すぐにしおれてしまいます。だから、私は買ってきた日に、下ごしらえをしてしまいます。

ほうれん草は1束をゆでて、保存容器に入れて冷蔵庫に。おひたし、ごま和え、ドレッシングをかけてサラダなどにし、１週間ほどで食べきります。ニラは３〜４㎝に切って、保存袋に入れて冷凍します。冷凍してもくっつかないので、野菜炒めや味噌汁に凍ったまま、ひとつかみ入れています。

レタスも１玉買うと、ひとりでは食べきれないので、ベランダでリーフレタスを栽培することも。苗から買ってきて育てると簡単だし、ほしい分だけ使えます。

夏には大葉も育てています。団地の裏にある花壇は許可を得て使わせてもらっていますが、種をまかなくても、前の年の種が残っていて自然に生えてきます。冷奴、素麺などに大葉は欠かせないので、重宝しています。

花壇にない時期に買うときは、１パックの量が多いので、ダメにしないように瓶に入れて保存。瓶に数㎝の水を入れ、大葉の軸の部分だけがつかるようにし、フタをして冷蔵庫に入れておくと、１週間ぐらいはイキイキしています。

冷凍野菜や水煮野菜を活用するようになりました

冷凍野菜は、解凍するとベチャベチャしておいしくないからと避けていましたが、「冷凍の野菜は品質が向上して、おいしい」と本で読んで、早速試してみました。冷凍ブロッコリーを自然解凍して食べてみたら、ちょうどいい歯ごたえでした。

ブロッコリーは大好きですが、丸ごと1個ゆでると食べきれないので、最近はあまり買っていませんでした。これなら、食べたい分だけ解凍すればいいので便利。サラダや肉のおかずの付け合わせに、冷凍ブロッコリーを使うようになりました。

里いもやかぼちゃも大好きですが、下ごしらえがこわくなってきた野菜。里いもは皮をむくときヌルヌルして、包丁が滑ってひやっとします。かぼちゃは固くて、かなりの力を入れないと切れません。

この2つの野菜もだんだん遠ざかっていたのですが、冷凍野菜は下ごしらえ済みで、すぐに調理できました。生の野菜のほうがおいしいと思っていましたが、冷凍でも十分。昔の冷凍野菜のイメージが、いい意味で裏切られました。

面倒な下ごしらえ済み、必要な分だけ使えると、高齢者のひとり暮らしにはぴったり。これから、どんどん使おうと思います。


冷凍以外にも、水煮野菜で煮物をつくってみました。れんこん、ごぼう、にんじん、里いもなど具沢山の筑前煮をつくろうと思うと、材料を買い集めるのが大変だし、半端に残った材料も使いきれません。

筑前煮は時々、無性に食べたくなることがあります。水煮野菜なら、手軽に少量つくることが可能です。手羽中と一緒に煮ても、おいしかったです。水煮野菜には豚汁用やカレー用など種類があり、常温保存できるものもあって便利です。

テレビや本、YouTube、お友達との情報交換など、いつもアンテナをはっています。とくに、簡単にできる、手がかからないなど、調理の手間が省けるものの情報はうれしいです。

ブロッコリーは、ひとりで食べるには1株が大きいし、傷むのが早い。あまり食べなくなったのですが、冷凍品のおかげでまた食べるように。

余り野菜は味噌汁やスープで一気に消費

味噌汁はよくつくります。端っこ野菜やちょっと傷んでいる野菜も、全部味噌汁の中に入れて具沢山に。孫が来たとき、「シンプルなわかめと豆腐の味噌汁が飲みたい」と言われます（笑）。

息子からは「便利なインスタントもあるよ」と言われますが、娘のところの孫が「おいしい味噌だよ」と毎年送ってくれるのがうれしくて、自分でつくっています。市販の顆粒出汁を使うから簡単だし、具沢山にして野菜もたくさん食べられるから、これからも続けるつもりです。

ひとり暮らしの味噌汁の悩みは、少量つくるのが難しいこと。どうしてもたくさんつくってしまい、2〜3日飲むことに。1日目はおいしいけれど、3日目は飽きるし、

野菜スープを味噌汁に

①野菜スープをつくっておく。コンソメ味で。②味噌とカツオ節をお椀に入れる。③温めたスープを少し入れて、味噌を溶かす。④残りのスープと具材を入れて完成。

味噌の香りも飛んでしまいます。野菜の栄養が汁に溶け出しているからと、薬のような気持ちで飲み干していました。

最近、自分なりに考えた、改良味噌汁があります。野菜スープをつくっておき、それに味噌を溶かして味噌汁にするのです。

大きめの鍋に、冷蔵庫に残っている野菜とコンソメ、塩少しを入れて、野菜スープをつくります。野菜は、干からびたにんじんや色が変わったキャベツなど、傷む直前のものを入れることもあります。他に、冷凍したきのこ類なども一緒に。きのこは、出汁が出るからスープがおいしくなります。

豚こま肉や手羽など、タンパク質を入れることもあります。しっかり味つけはしないで、アレンジできるように薄味に仕上げます。

昼食時に、お椀にひとり分の味噌、カツオ節を入れ、まずは少量の野菜スープを入れて味噌を溶き、そのあと具やスープを足します。味噌は食べる直前に溶くので、毎回新鮮な味噌汁を飲むことができます。

薄味でつくっているので、アレンジも可能。味噌を入れずに、少し塩を足して洋風のスープとして飲むことも。味噌や塩の量も加減できるので、減塩にも役立っているかなと思います。

こういう工夫を考えるのが、とても楽しいのです。食いしん坊だからか、どんどんアイデアがわいてきます（笑）。

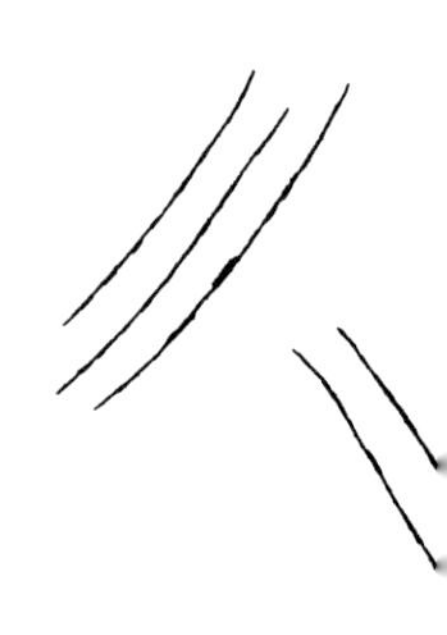

うどん、素麺、パスタ…「麺」はひとりの食事に重宝

昼食に麺類を食べることも多いです。ご飯とおかずの組み合わせばかりだとマンネリになるので、麺類を入れて変化をつけます。一番好きなのは、うどんです。

若い頃は、太めの麺が好きでしたが、年齢とともに細めが食べやすくなりました。お気に入りは、シマダヤのゆでうどん「真打　稲庭風細うどん」です。稲庭うどんのように、細めでツルツルした喉ごしで、電子レンジで温められる手軽さも魅力。

蕎麦は、冬でも冷たいざる蕎麦を食べます。蕎麦そのものを味わいたいので、薬味はわさび、小ねぎ、海苔です。

お気に入りは、次男の家の近くのスーパーで売っていた、生麺なのに3ヵ月ほど常温保存できる「きねうち十割そば」。ゆで時間は3分ほどと短くて手軽。蕎麦粉十割なところも私好みです。次男が来るときは、必ず買ってきてもらいます。

百均で購入した、電子レンジでパスタをゆでられる容器。パスタを入れ、水を注いだら、フタをせずレンジへ。ゆで時間プラス数分で出来上がり。フタをして湯切りします。

乾麺は常温保存できるので、パスタや素麺を多めに常備しています。食べる量も調節でき、量が食べられない高齢者にはうれしいです。

最近、パスタをゆでるとき、100円ショップで購入したレンジ用の容器を活用しています。

雑誌で紹介されているのを見て、「ひとり分をつくるのにいいな」と思って購入。ひとり分のために大量の湯を沸かしたり、大きなパスタ用の鍋を取り出したりするのは効率が悪いなと考えていました。

この容器なら、水は麺がかぶるくらいの

量でいいのです。電子レンジの加熱時間は、パスタのゆで時間＋数分。ゆで上がったパスタには、くっつかないように、バターをからめておきます。

パスタをレンジでゆでている間に、具材を用意します。ひとりランチの定番は、ピーマンや玉ねぎなどの野菜とウィンナー。フライパンで具を炒めたら、パスタを加えて出来上がり。

バターで少し味がついているから、味付けは塩こしょうだけ。時々、ケチャップを加えることもあります。

サラダやスープなども一緒に食べるので、

お気に入りの「きねうち十割そば」（サンサス）。1パック130円ほど。常温保存できるので台所横の収納スペースに。

パスタの量は少なめです。

素麺は、夏は冷たく、冬は温かくして「煮麺（にゅうめん）」で食べます。

素麺はゆでて時間がたっても、伸びることはありません。だから、わが家では多めにゆでて、すのこ付きの保存容器（水気が切れる）に入れて冷蔵庫に保存。2~3日は大丈夫なので、なるべく火を使いたくない夏などには便利です。

大葉、小ねぎ、しょうがのすりおろしを添えていただきます。

冬の煮麺は、出汁に小ねぎを入れただけのシンプルなもの。昼食でも食べますが、お腹に余裕がある夕食に食べることも。晩酌の後の煮麺は、おいしいです。

カルディの「広東風ビーフン」はソース付きの乾麺で、便利なひとり分です。

調理師学校でビーフンを習いましたが、イチからつくるのは手間がかかりました。これはソース付きで、冷蔵庫の野菜と豚肉を加えるだけで簡単にできて、味もおいしい。値段も1個120円ほどと安く、リピートしています。

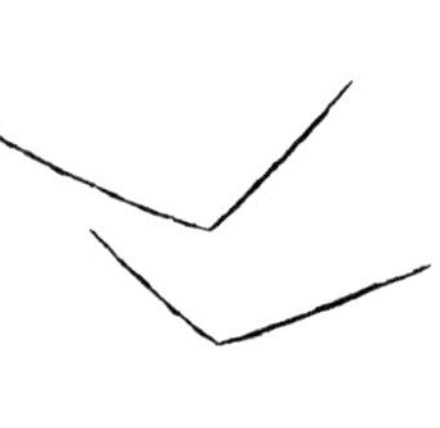

食べづらく、噛みづらくなってきた食べ物もあきらめない

歯が弱くなってきて、だんだん固いものは噛めなくなりました。

とくに、前歯は入れ歯なのですが、ブリッジがゆるんで噛みにくくなるなど、歯の悩みは尽きません。それに、唾液も少なくなり、パサパサ、モソモソしたものが食べにくくなってきました。


好きなものが食べられないのは残念なので、どうにか食べようと工夫しています。

りんごは若い頃、皮つきで丸ごと食べていました。でも、今は皮をむき、実の部分は細く切って食べやすくしています。皮は毎朝のスムージーに。

キャベツも生で食べると、口の中がモソモソするようになりました。そこで、キャベツを千切りにしてレンジで加熱し、食べやすくしています。

噛みづらい肉も、あきらめません（笑）。

牛肉は塊肉をやわらかく調理した、たたき（130ページ）にし、薄く切れば噛めます。

次男と孫と行く外食で、ときどき牛のヒレステーキを食べます。固い肉も、1㎝くらいに小さく切れば大丈夫です。

61ページでご紹介したゆで鶏も、やわらかく食べやすくする工夫。薄く切って、さらに食べやすくなります。

砂肝も、甘辛く煮て薄くスライス。丸ごとの、こりこりした歯ごたえが好きでしたが、そこは妥協して。

お刺身のタコも、大好きだけど食べづらくなったもののひとつ。これも薄くスライスして食べます。

食べたいものは何が何でも食べる、あくなき食欲です（笑）。

第3章
おいしく、しっかり食べる工夫

「レシピ以前」の最小限調理でおいしい食べ方

左は、毎日の食事メモの一部です。こうしてあらためて眺めると、やっぱり粗食ですね（笑）。手の込んだ料理はしていないのがわかります。

でも、手はかけなくても、栄養のことは自分なりに気にしています。野菜や肉・魚、大豆製品など、意識してとるように。もちろん完ぺきにはいきませんが、1週間、1ヵ月を通して、だいたいの栄養バランスはとれているかなと思います。

本章では、それぞれの食材を「どうとるか」を軸に、私が日々つくっている料理をご紹介します。

といっても、切っただけ、ゆでただけ、味付けは醤油と砂糖だけといった、「レシピ以前」のものばかり。でも、そんなシンプルな食べ方が、一番おいしいなと思っています。

日々の食事メモより

	朝	昼	夜
7/1	スムージー ゆで卵1個 りんご半個 菓子パン	カレーライス 大根の醤油漬け	冷奴 枝豆 なすの揚げ浸し
7/2	スムージー ゆで卵1個 りんご半個	お弁当（海苔弁） 梅干し（自家製） きゃらぶき（自家製）	納豆（生卵入り） 枝豆
7/3	具だくさん味噌汁 ココア	ご飯／味噌汁 かぼちゃの煮物／豚肉とピーマン もやしの炒め物／枝豆	イカ塩辛 枝豆
7/4	スムージー ゆで卵1個 りんご半個	カレーライス 大根の醤油漬け	冷奴 枝豆 なすの揚げ浸し
7/5	スムージー ゆで卵1個 りんご半個	オートミールご飯 豚肉と野菜の炒め物 かぼちゃの煮物 なすの揚げ浸し／アジの南蛮漬け	冷奴
7/6	スムージー ゆで卵1個 りんご半個	ご飯／めかぶ かぼちゃの煮物 なすの揚げ浸し	冷奴 トマト

	朝	昼	夜
10/1	スムージー ゆで卵1個 りんご半個	焼きそば、味噌汁（外食）	刺し身（ヒラマサ） ぬか漬け（きゅうり）
10/2	スムージー ゆで卵1個 りんご半個	ご飯 サバ煮付け（サバ缶利用） 豆苗ソテー	湯豆腐 ぬか漬け（きゅうり） 里いも煮っ転がし
10/3	スムージー ゆで卵1個 りんご半個	サンマ塩焼き定食（外食）	湯豆腐 ぬか漬け （きゅうり、大根）
10/4	スムージー ゆで卵1個 りんご半個	オートミールご飯 サバ煮付け（サバ缶利用） ぬか漬け（きゅうり、大根）	干し大根煮物（にんじんも） ぬか漬け（きゅうり、大根） 里いも、さつま揚げの煮物
10/5	スムージー ゆで卵1個 りんご半個	ざる蕎麦 おはぎ（手づくり）	湯豆腐 ぬか漬け（きゅうり、大根）
10/6	スムージー ゆで卵1個 りんご半個	ご飯／ゆで鶏 ひじきの煮物 ぬか漬け（きゅうり、大根）	ひじきの煮物 ぬか漬け（きゅうり、大根）

野菜をとる

旬のものを、季節に合った調理法で

野菜はできる限り多くとろうと心がけているので、冷蔵庫の野菜室はぎっしり入っています。そのとき食べたいメニューを考えてから野菜を買うので、ムダにすることはありません。寒い時期は煮物など、食べたいものが季節に合っているので、自然に旬の野菜を買っています。

丸ごと食べきれない大物野菜は、半分や4分の1個で買うことも。1年中常備しているのは、キャベツ、にんじん、玉ねぎ。色々なメニューに使いまわせて、日もちもいい野菜です。きのこ類もいつでも安く手に入るので、冷蔵庫か冷凍庫に何かしら入っています。

どうしても食べきれずに残ったものは、味噌汁やスープに入れて。少しくらい傷んでいても、煮込めば食べられます。

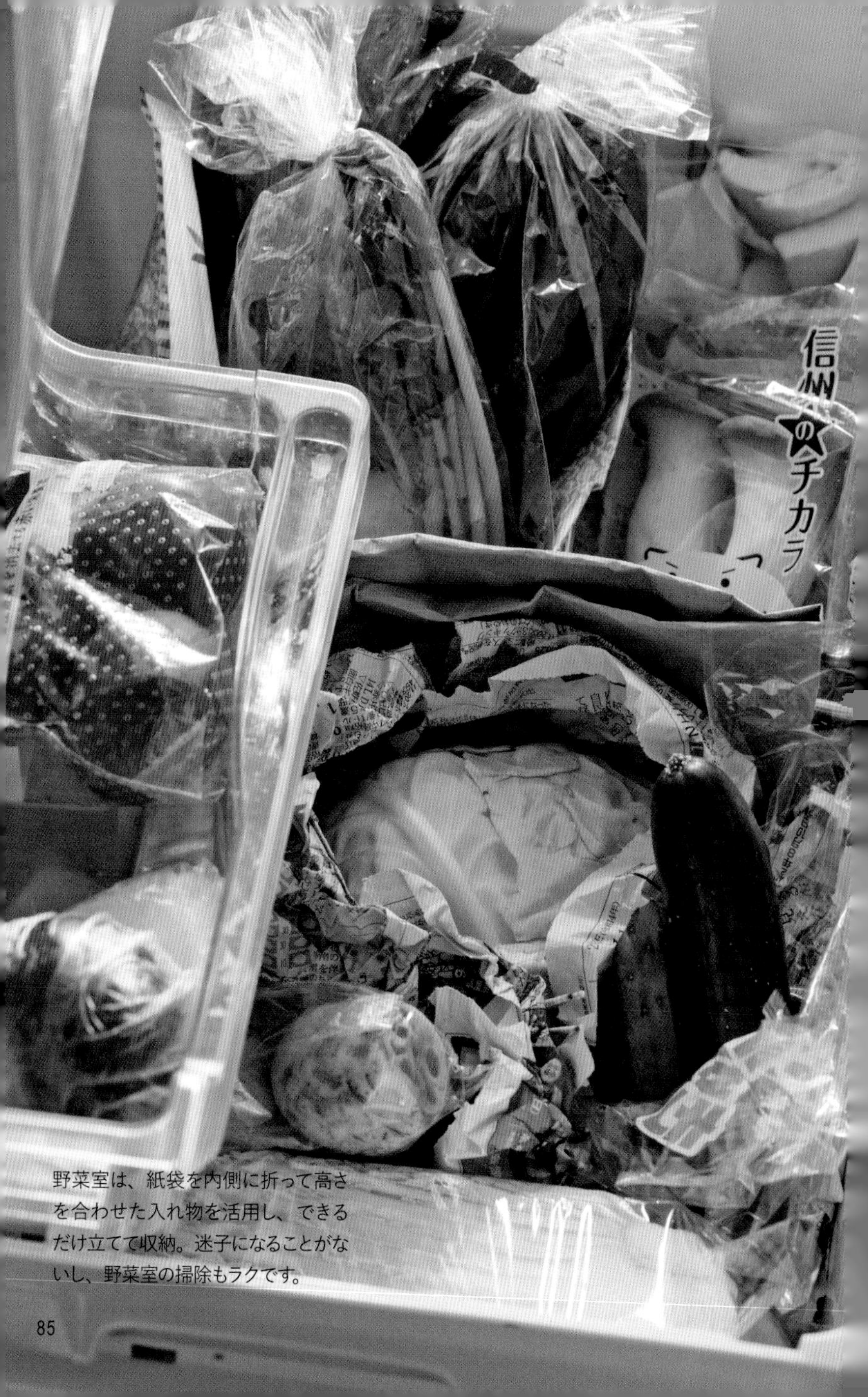

野菜室は、紙袋を内側に折って高さを合わせた入れ物を活用し、できるだけ立てて収納。迷子になることがないし、野菜室の掃除もラクです。

キャベツ

千切り・レンチンで食べやすく

大好きなキャベツですが、生だと食べづらくなりました。千切りにして、さらに電子レンジで加熱するようにしています。

カツオ節とぽん酢をかけたり、サラダにしたり、肉のおかずの付け合わせにすることも。残ったら、フタ付きの保存容器に移して冷蔵庫に入れ、数日で食べきります。

肉、もやし、千切りピーマンと一緒に炒めたり、焼きそばに入れることもあります。このときも、電子レンジで加熱してやわらかくしてあると、時短になるし、油の量が減らせます。

以前は、食べきれないからと半分のものを買っていましたが、レンチンキャベツを始めてからなくなるのが早くなり、丸ごと1個買いに。芯につま楊枝をさして、冷蔵庫に入れておくと長持ちします。

固いキャベツは千切りにしてレンチン

キャベツ 1/4 個を千切りにし、耐熱の器に入れる。フタをかぶせ、600W で約3分加熱。歯ごたえが少し残るくらいに。取り出したら、ほぐして粗熱をとる。

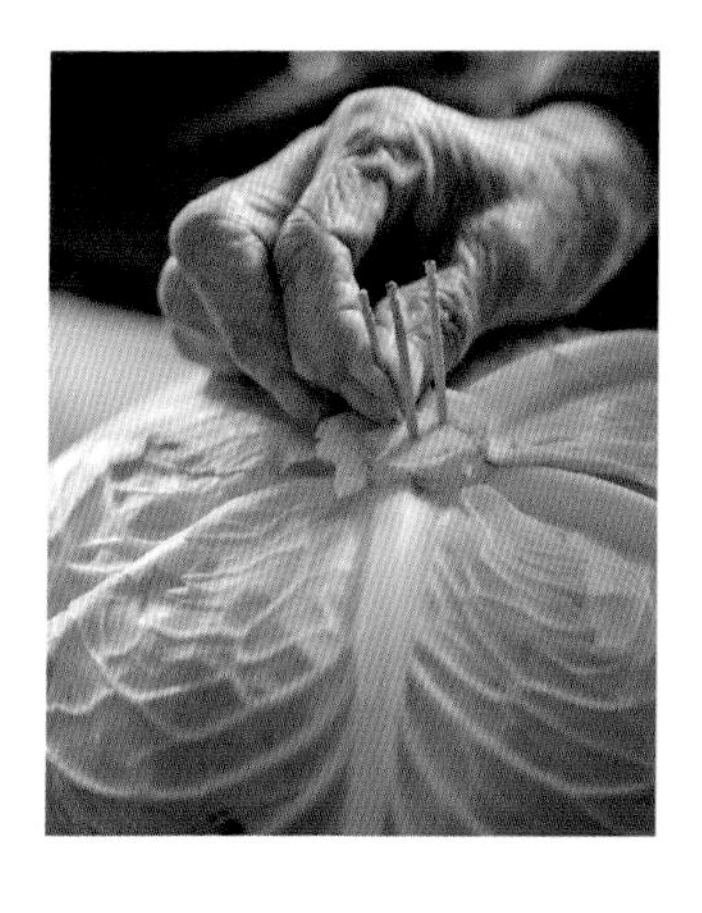

芯に楊枝をさして長持ちさせる

テレビでやっているのを見て、早速試しました。キャベツの成長を止める効果があるそうです。

トマト

丸ごと冷凍が便利

トマトは昔から大好き。好き嫌いの多い子どもでしたが、トマトは塩をかけて、いくらでも食べられました。大家族だったので、市場勤めの父が大箱でトマトを買って帰ってきたのを思い出します。

ヘタの部分をくり抜いて、丸ごとラップに包んで冷凍すると、面倒な湯むきが簡単に。パスタのソースやトマトスープなど、加熱して使うときに便利です。

食べきれないトマトは冷凍に。凍ったまま水につけると、皮がするりとむけます。

玉ねぎ

味噌汁や炒め物など何でも入れて

玉ねぎは用途が広く、長もちするので常備しています。味噌汁、スープ、炒め物、チャーハン、ドレッシングなど色々なメニューに登場します。

なかでもよくつくるのは、玉ねぎドレッシング。酢と油でつくるシンプルなフレンチドレッシングに、みじん切りの玉ねぎを混ぜたものです。

子どもの頃、母が酢に漬けた玉ねぎをトマトにかけていたのを、結婚してから思い出しました。「フレンチドレッシングに合うかも」と思って、私が玉ねぎドレッシングにしました。

輪切りにしたトマトにどっさりかけて食べます。普通は生の玉ねぎは辛味が強いのですが、これは辛味もなくさっぱりして、いくらでも食べられます。すぐに食べてもおいしいし、瓶に入れて冷蔵庫で3～4日保存もできます。

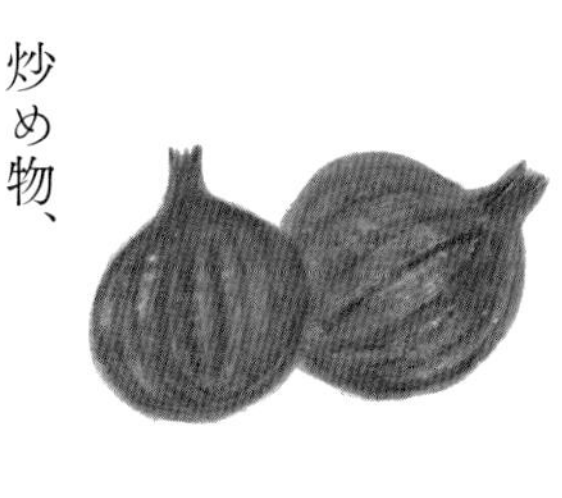

簡単
玉ねぎドレッシング

①小さめのボウルに酢と塩こしょう少々を入れる。②よく混ぜて塩を溶かす。③サラダ油をかき混ぜながら少しずつ加える。酢と油の割合は1:2くらい。④トロリとしたら、みじん切りにした玉ねぎを加えて出来上がり。私はアクセントにクミンを入れます。

玉ねぎドレッシングは一度にたくさんつくって瓶に保存し、数日かけて食べます。トマトは輪切りにするのが食べやすく、見た目も良い。

レタス

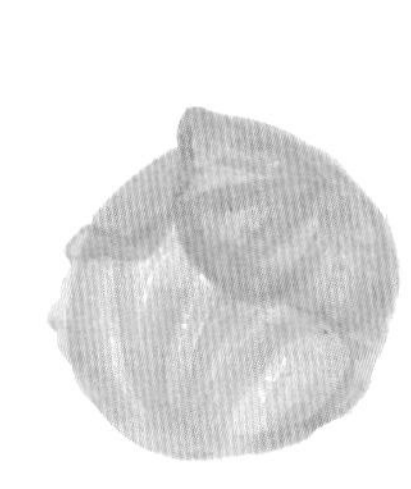

サラダを一度につくって保存

野菜サラダは昼食に、時々食べます。レタス、きゅうり、玉ねぎ、トマトなど、野菜だけのサラダが好きです。マヨネーズとドレッシングをかけています。

レタスは、野菜サラダには欠かせないけれど、大きいレタス（玉レタス）は食べきれないので買わなくなりました。芯の部分も固くて食べにくいですし。最近はフリルレタスなど、小ぶりでやわらかいものを買うことが多いです。食べきれないなと思ったら、スープに入れて大量消費。しんなりすると、たくさん食べられます。

サラダをつくるときの野菜の水切り器（サラダスピナー）も重宝しています。野菜がシャキッとし、ドレッシングやマヨネーズともしっかりからんでおいしい。多めの野菜の水気を切り、冷蔵庫に保存すれば、2～3回分のサラダになります。

**野菜サラダは一度に
たくさんつくって保存**

サラダは一度につくって水切りし、タッパーで保存しておきます。トマトは食べるときに切ります。

**サラダスピナーで野菜の
水を切る**

野菜を中に入れ、ハンドルを回すだけ。水がスッキリ切れて、シャキッとした歯ごたえに。

にんじん

皮はむかずに

にんじんは玉ねぎ同様、色々なメニューに使えるので常備しています。たくさんあるとき、余ったときは、きんぴらにします。細く切ったこんにゃくを加えると、食感の違いが楽しめます。

にんじんの皮はむきません。皮と実の間に栄養があると聞きますし、皮がついていても、食感も味も変わりません。

栄養もとれ、手間が省け、さらにゴミも減らせて、一石三鳥です。

にんじんとこんにゃくのきんぴら

千切りにしたにんじんとこんにゃくをごま油で炒め、砂糖と醤油で味付け。調味料を入れる前に水1/2 カップほど加えると、にんじんがやわらかくなります。

アスパラガス

ゆでるだけで美味

アスパラは食感が好きです。少し歯ごたえを残すくらいに、熱湯でサッとゆでて、マヨネーズをかけてシンプルに食べます。

根元の部分は固いので、少し皮をむいて縦に4本ほど包丁を入れておくと、食べやすくなります。

玉ねぎ、ウィンナーと一緒に炒め、パスタにからめて食べることも。味付けは塩こしょうだけ。炒めるときも、下ゆでしたほうが食べやすいです。

さっとゆでただけのアスパラガス　半分に切り、穂先と根元に分けます。ゆでるときは根元から先に鍋に入れ、時間差に。

きゅうり

季節を問わずサラダやぬか漬けに

季節を問わず、サラダ、わかめの酢の物、ぬか漬けなどにして食べています。よく食卓に登場するのが、きゅうりと大根の醤油漬け。きゅうりと大根を角切りにして醤油を回しかけ、1時間ほど置くだけの簡単な漬物です。きゅうりと大根から水分が出るので、醤油は少量でOK。カレーに添える福神漬け代わりにも。ちょっとしおれてしまったきゅうりでも大丈夫。冷蔵庫で4～5日もつので、あるとうれしい一品です。

子どもたちが小さい頃、家計がピンチのときに、きゅうりだけを巻いたかっぱ巻きをよくつくりました。他におかずがなく、かっぱ巻きを盛ったお皿を食卓にどーんと置いて。「切らないで、丸ごと食べていい？」と目を輝かせて言うから、「好きなだけ食べて」と（笑）。ピンチを救ってくれた、かっぱ巻きです。

きゅうりと大根の醤油漬け

角切りにしたきゅうりと大根に醤油をかけるだけ。シンプルだけど、生の大根の歯ごたえがおいしい副菜です。

なす

焼いて炒めて、生で塩もみして

なすは、副菜としてよく食べます。長崎流の焼きなすは、ごま醤油をかけます。網で、皮が真っ黒になるまで焼いたら、水にとって皮をむきます。縦4等分にして、冷蔵庫でしっかり冷やしてから、すりごま、醤油、砂糖を混ぜたタレをかけます。ごま和えに近いですね。

ご飯のおかずにピッタリなのが、なすの味噌炒め。なすを縦半分に切って斜め薄切りにし、多めの油でしんなりするまで炒め、味噌と砂糖、酒を混ぜたもので味付けします。少し濃いめの甘辛味で、ご飯がいくらでも食べられます。

お漬物がないときは、なすを薄く切って塩でもんだだけの浅漬けに。カツオ節と醤油をかけるだけでおいしいですが、大葉の千切りをプラスすることもあります。

なすの味噌炒め（上）
なすの浅漬け（下）

簡単な食べきり副菜2種。なすの味噌炒めはなす2個を使いますが、かさが減るので、1回で食べきれます。

もやし

冷凍庫に常備

子どもの頃から大好きな、もやしの塩こしょう炒め。食べたいときに調理できるように、冷凍庫に必ず1袋はストックしています。加熱すれば、食感は気になりません。フライパンに凍ったまま入れ、シンプルに塩こしょうで味付けします。

炒めるだけでなく、さっとゆでてカツオ節と醤油をかけたり、塩こしょうとごま油をかけてナムルにすることも。

もやしの塩こしょう炒め

もやしを炒め、塩こしょうで味付けしただけのもの。子どもの頃からの大好物です。

いんげん

煮物がおいしい

よく行く高齢者のコミュニティで、近所の農家さんが野菜を売りにくることがあり、いんげんが安く買えるのです。

いつもはあまり買わない野菜ですが、そのときは新鮮ないんげんが手に入るので、うれしいですね。

サッとゆでてごま和えや、厚揚げと一緒に砂糖と醤油で煮ることも。いんげんは歯ごたえが残っていても、やわらかく煮ても、どちらもおいしいですね。

いんげんと厚揚げの煮物

鍋に水と砂糖と醤油、下ゆでしたいんげんを入れて煮て、厚揚げを加えてさらに煮ます。

かぶ

ぬか漬けが最高。葉も捨てずに

かぶがよく出回る季節になると、かぶのぬか漬けが食べたくなります。かぶは火を通さない、生の食感が好きです。煮ることはあまりありません。

長期不在にしている間に、ぬか床にカビが生えてしまい、しばらくお休みしていました。でもやっぱり、ぬか漬けを食べたいなと思っていたところ、無印良品の「発酵ぬかどこ」がラクだと知りました。

便利なものにぬか漬けモチベーションも上がり、購入してかぶを漬けてみました。かぶは縦に半分に切って、包丁でくし型に切り込みを入れると、速く漬かります。他に、きゅうりと大根もつけましたが、どれもおいしかったです。

ぬか漬けというと、子どもの頃に同居していた祖母を思い出します。祖母は保存食の達人で、ぬか漬けはもちろん、梅干し、らっきょう漬け、味噌など色々つくってい

かぶの葉とさつま揚げの煮物

鍋に水と砂糖と醤油、さつま揚げを入れて煮て、下ゆでしたかぶの葉をさっと煮ます。かぶの葉は煮込みすぎず。

ました。きゅうりやなすが入った、なめ味噌（金山寺味噌）もつくっていて、よくご飯にのせて食べていました。

かぶを買うときは、必ず葉つきのものを選びます。

かぶの葉はさつま揚げと一緒に、砂糖と醤油で甘辛く煮ます。サッと下ゆでしておくと、煮る時間も短く、味がしみやすいのでおすすめ。

時々、スーパーで「かぶの葉はいらない」と言っている人を見かけると、「もったいない。おいしいのに」と思います（笑）。

手間いらずでおいしい
「発酵ぬかどこ」

ファスナーつきの袋に入っていて、容器を用意しなくてもそのまま漬けて保存できるもの。毎日かき混ぜなくていいし、追加のぬかも売っています。

大根を漬けるときは
天日干ししてから

5㎝の輪切りにし、さらに縦1㎝に薄切りして、1日ベランダで天日干し。余分な水分がとんで歯ごたえがよくなり、甘味が増します。漬かりも早く。

白菜

クタクタに煮るのも浅漬けもよし

冬になるとよく食べる白菜は、サバ缶と一緒に煮るのが好きです。サバ缶は汁ごと使い、白菜はクタクタになるまで煮込むことが、おいしさのポイント。サバ缶の代わりに、鶏の手羽にしても。出汁の出る素材を使うと、出汁いらずでも大丈夫です。

昔は白菜丸ごと1株を漬物にしていましたが、今はひとりなので、スーパーでよく売っている4分の1個を、食べる分だけ浅漬けにします。ファスナーつき保存袋に、切った白菜を入れ、塩を加えてよくもみ込み、さらに袋の上からももみます。

そして、水分が出てもいいようにボウルに入れ、重石をして半日ほどおきます。しっかり漬けたいときは、1日くらいおいても。

塩だけでなく、昆布や鷹の爪を入れると、よりおいしくなっておすすめです。

白菜とサバ缶（水煮）の煮物

ざく切りにした白菜にサバ缶を汁ごと加え、水を少し足します。砂糖と醤油で味つけし、10 分くらい煮ます。

白菜と鶏手羽の煮物

鶏手羽と煮るときも同じ調理法。缶汁がない分、最初に加える水を少し多めに。野菜は大根でもおいしい。

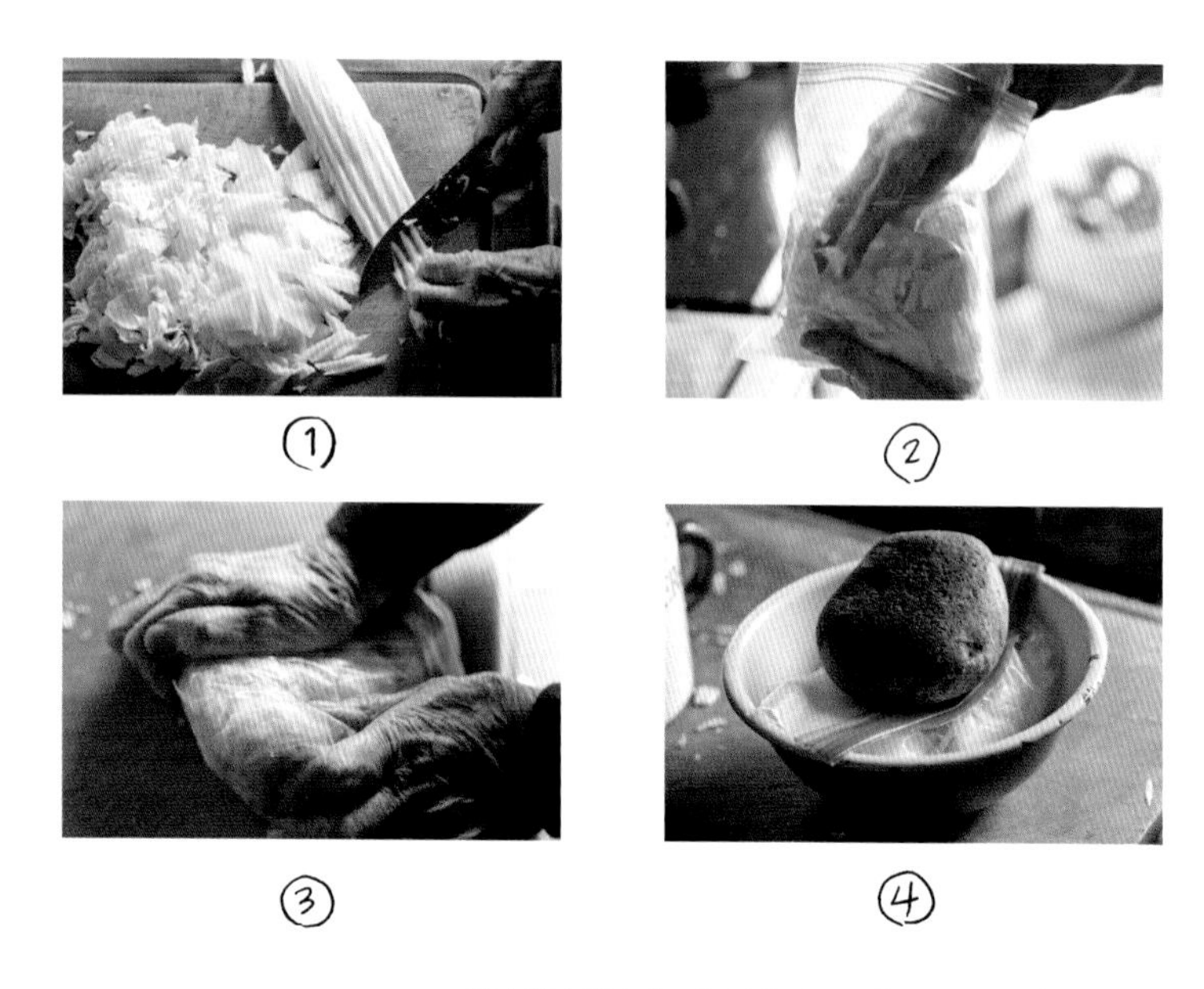

白菜の
シンプル浅漬け

①白菜を葉と芯に切り分ける。葉は1～2cm幅に切り、芯は斜め削ぎ切りに。②白菜を保存袋に入れ、塩を加えてもみ込む。③口を閉じた保存袋の上からももみ込む。④重石を置いて水分を出す。

大根

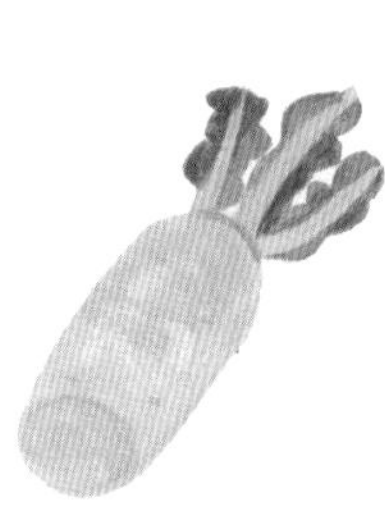

皮付きのまま味噌汁や大根おろしに

白菜と同じように、大根は冬によく食べます。おでんなど煮物以外は、皮はむきません。味や食感は変わらないし、手間なしだし、ゴミも少なくなります。大根おろし、味噌汁、大根ときゅうりの醤油漬けも、皮ありでつくります。

大根と言えばおでんですが、ひとりだと食べきれないので普段はやりません。そのかわり、大根だけの煮物をつくります。このときは大根の皮をむき、煮崩れないように面取りもします。耐熱の器に入れて電子レンジ用のフタをし、600Wで10分ほど加熱すると味がしみ込みやすくなります。鍋に昆布を敷き大根を入れ、砂糖と醤油で煮ます。電子レンジの下ゆでは簡単でおすすめです。お友達に教えたら、「電子レンジがラクね」とレンジ派が増えました。

切り干し大根では、はりはり漬けをよくつくります。

大根の煮物

上／大根はレンジで 10 分ほど加熱。
火が通ったか竹串をさして確認。
下／昆布を敷いた鍋で大根を煮ます。
味付けは醤油と砂糖で。

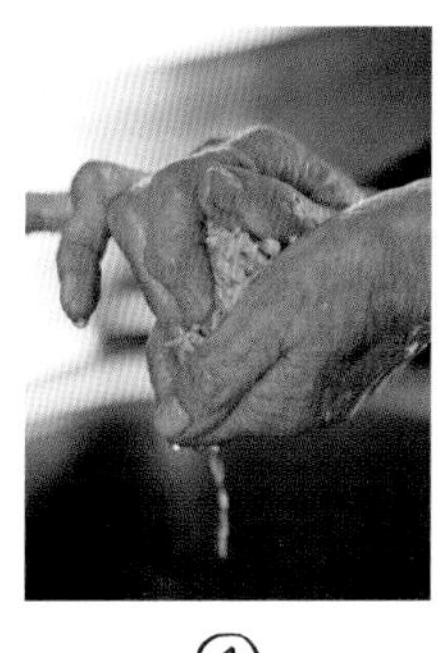

①

②

③

切り干し大根のはりはり漬け

①切り干し大根を軽く洗い、水気を絞る。②保存容器に入れ、酢 2:砂糖 2:醤油 1 の三杯酢をかける。③よくかき混ぜる。半日ほどで出来上がり。

ほうれん草

1束ゆでておき、食べるとき味付け

ほうれん草は体に良いと聞くので、「なるべく食べなきゃ」と意識しています。買ってきたら、1束全部ゆでてしまいます。サッとゆでたら冷水にとって水気を絞り、食べやすく切って、保存容器に入れます。

冷蔵庫に保存して、おひたし、ごま和え、サラダなどその都度、ひとり分を器に盛って1週間くらいで食べきります。ちょっと手を加えて、バター炒めや白和えにすることも。ゆでて保存しておくと、ラクにちょっとした一品がつくれます。

豆腐の白和えは大好きなおかずですが、彩り的にも栄養的にもほうれん草を加えます。小ぶりのすり鉢に味噌と砂糖を入れ、すりこぎで混ぜたら、すりごまを加えてさらに混ぜます。豆腐を入れて混ぜ、最後にほうれん草を入れたら出来上がり。

水切りもしませんが、すぐに食べるので水分は気になりません。

小ぶりなすり鉢。器代わりになり、そのまま食卓に出せて便利。

器ひとつで豆腐白和え

①すり鉢に味噌と砂糖を入れ、すりこぎで混ぜる。さらにすりごまを混ぜ合わせる。②豆腐を入れて混ぜる。絹より木綿豆腐のほうが水分が少なく、ベチャッとならない。③ゆでたほうれん草を混ぜて出来上がり。

小松菜

生のまま冷凍して毎朝のスムージーに

小松菜は、毎朝のスムージーに入れるので冷凍庫に常備しています。買ってきたら、生のまま1束すべて刻み、保存袋に入れて冷凍します。その都度、必要な分量だけ使えるし、冷凍なら傷む心配もありません。1束は1週間ほどで使いきるので、週1回は購入しています。小松菜は生でも食べられ、あく抜き不要なのもいいですね。

料理で使うときは、厚揚げやさつま揚げなど出汁になる素材と一緒に、砂糖と醤油で煮付けることが多いです。鍋に水と醤油、砂糖を入れて味付けし、厚揚げかさつま揚げを入れます。

最後に小松菜を入れて、サッと火を通します。小松菜は火を通すと小さくなるので、1回に半束くらい使います。昼食に食べることが多いですが、食べきれないときは、保存容器に入れて常備菜にします。

小松菜と厚揚げの煮物（上）
小松菜とさつま揚げの煮物（下）

厚揚げもさつま揚げも、グリルで焼くだけでおいしいですが、煮物にしても良い出汁が出ます。

きのこ

天日干しして冷凍、旨味アップ

きのこは椎茸、しめじ、えのき、エリンギと何でも食べます。でも、1パックはひとりではなかなか食べきれないので、半日くらいベランダで天日干ししてから冷凍します。きのこは冷凍すると旨味が増すようですが、さらに天日干しでも同様に効果があるようです。

石突きをとり、使いやすいサイズに分けたり、切ったりすると、調理するときラクです。味噌汁、スープ、炒め物など調理するとき、凍ったまま入れます。

椎茸のバター醤油炒めは、よくつくります。ほうれん草を加えてボリュームアップしてもいいですね。エリンギのグリル焼きも大好き。酢醤油と柚子胡椒で食べるのが定番ですが、晩酌のおつまみにもぴったり。手でさくと断面がギザギザして、酢醤油がからみやすくなります。

椎茸の
バター醤油炒め

椎茸は細めに切る。サラダ油とバターをフライパンに入れて熱したら、椎茸を透き通るまでよく炒め、最後に醤油を回しかける。炒めると小さくなるので、1パック6～8個分の椎茸を全部使います。

エリンギは包丁で切れ目を入れ、手でさく。

エリンギの
グリル焼き

エリンギを細くさいて、魚焼きグリルで裏表3分ほど焼くだけですが、食感がコリコリして、とてもおいしいです。

肉をとる

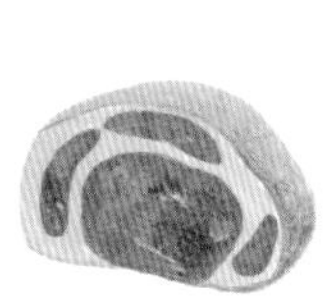

タンパク質摂取のため「食べなきゃ」と意識

子どもの頃から魚を食べてきたので、今でも肉より魚をとることが多いです。でも、肉も好きです。家族がいたときは、息子2人なので肉のおかずをよくつくりました。なかでもとんかつは定番おかず。多めに揚げ、翌日は卵でとじてお弁当に入れました。息子たちが育ち盛りの頃はロースでしたが、大人になってからはヒレが定番に。ヒレだと、脂が少なくてやわらかいので、私もよく食べました。もう家では揚げませんが、ごくたまに外で食べることもあります。

今、家で食べるのは鶏肉か豚肉です。メニューを決めてから買うので、使いきれないことはないし、多めに買って冷凍しておくと便利です。

牛肉は値段が高いのであまり食べませんが、時々、肉豆腐やたたきをつくるために、細切れ肉や塊肉を買います。

鶏肉

骨付きの手羽中が使いやすい

よく食べるのは手羽、とくに手羽中です。骨付き肉が好きです。1個ずつで、食べる量を調整しやすいし、スープにすると良い出汁が出ます。

むね肉はあまり食べません。もも肉は次男親子が来たとき、唐揚げやチキンカレーなどをつくって食べます。時々61ページのゆで鶏をつくることも。

鶏肉と言えば、子どもの頃によく食べた中華の鶏料理を思い出します。長崎の実家は中華街の中にありました。両親は共働きで忙しかったので、お隣の中華屋さんから夕食の出前をとることがありました。骨付きのゆで鶏だったように思います。

長崎の名物である皿うどんも、同じ中華屋さんでよく頼んでいました。皿うどんは、家でつくるより出前のほうが早かったので、思い出すのはそのお店の味。今でもまだ、中華街で営業をされているお店です。

手羽…冷凍して常備

手羽中（手羽先の関節から先の部分をとったもの）は、旨味があり調理しやすいので、常備しています。

よく行くスーパーで売られており、多めに買って5本ずつくらいに小分けにして冷凍。

塩こしょうして、魚焼きグリルで表5分、裏返して5分焼くだけの食べ方が好きです。昼食のおかずにも、晩酌のおつまみにもぴったりで、タンパク質の補給にもなります。

昼食に食べるときは、朝から冷蔵室に移して自然解凍。晩酌で、突然食べたくなったと

手羽のグリル焼き

手羽中に塩こしょうし、グリルで表裏5分ほど焼く（片面焼きの場合）。生焼けのようなら時間を足して。

手羽と野菜のスープ

野菜は何でも。キャベツを入れるとおいしい。手羽から良い出汁が出るので、コンソメは少量で。

きは、凍ったまま塩こしょうして焼いてしまいます。焼き時間は、様子を見て調整。

夕食で食べたいなと思うときは、タンパク質不足だという体からのメッセージ。素直に従います。

骨付きで良い出汁が出るので、スープにすることも。鍋に、じゃがいも、にんじん、玉ねぎなどの野菜、コンソメを入れ10分ほど煮込みます。

野菜は冷蔵庫に残っているもの、何でも大丈夫です。手羽中を加えて、さらに10分ほど煮て最後に醤油で薄く味付け。肉が骨からほろっととれて、食べやすいです。

手羽中は数本まとめてラップに包み、
冷凍しておきます。

鶏皮…ゆでてさっぱりと

鶏皮は、ゆでて細く切って大根おろしを添え、酢醤油と柚子胡椒でいただきます。ぽん酢でも。

さらに小ねぎをかけると、居酒屋さんのメニューのよう。晩酌のおつまみにぴったりです。

時々行くデパートの精肉売り場で、新鮮な鶏皮が売っているので、見つけたときは買って冷凍しておきます。

鶏皮ぽん酢

熱湯で２～３分ゆでた後、流水でしっかりもみ洗い。白い脂肪部分はとる。ゆで汁はスープにしても。

豚肉

ウィンナーが便利

薄切りの豚バラ肉を小分けして冷凍しておきます。野菜炒めやしょうが焼き、味噌汁に入れて豚汁にすることも。コクが出ますが、脂が多い部位です。たくさんは食べないので、いいかなと思っています。

ウィンナーは常備しています。野菜炒めやパスタの具にするなど、色々使えて便利なので、切らさないように。

ハムはポソポソして食べにくいので、私はウィンナー派です。

ウィンナーと
ピーマンのパスタ

ウィンナーとピーマンを塩こしょうで炒め、パスタにからめるだけ。パスタはゆで上がったときにバターで和えるので、ほんのりバターの香りも。

牛肉

薄くスライスすれば塊肉も食べられる

ひとりではあまり牛肉は使いませんが、肉豆腐が好きなので、細切れ肉で時々つくります。だいたい2～3回分をつくり、食べない分は冷蔵庫に保存します。

つくり方は簡単。具材を砂糖と醤油で煮るだけです。出汁もとりません。肉は最後に入れてサッと煮ると、固くなることもありません。白滝はなくてもいいけれど、味がしみた白滝がおいしいので、私は必ず入れます。

塊肉でつくる牛肉のたたきは、簡単ですがおいしいです。表面に塩こしょうをしっかり振った塊肉をフライパンで焼き、アルミホイルで包んで30～40分置いておくだけ。しっとりやわらかくなるので、高齢者でも食べやすいです。

10年以上前、料理好きの友人に教えてもらいました。実際に人がつくっている料理はおいしいことが多いので、アレンジを加えてわが家の定番メニューになります。

肉豆腐

鍋に、くし形切りにした玉ねぎと水を入れて煮立たせ、砂糖と醤油で味つけし、玉ねぎがしんなりするまで煮る。豆腐、白滝を加えてさらに煮て、牛肉を加えてさっと煮る。全体で 10 ～ 15 分煮ますが、牛肉は最後に入れて固くならないように。

牛たたき

①室温に戻した牛肉の塊に、しっかり塩こしょう。②フライパンに多めの油を敷き、牛肉の表面（6面）に焦げ目をつける。③全体をアルミホイルで包む。④30〜40分置いたら出来上がり。⑤食べやすく、薄く切る。

魚をとる

お刺身や干物、缶詰、練り物の出番が多い

子どもの頃、長崎でよく食べたのはイワシです。尾がピンとして超新鮮で、値段が安いから、父が大きな箱いっぱいに買ってきて。お刺身、塩焼きで食べたり、開いて醤油とみりんにつけて干す「桜干し」をつくったり、色々な調理法で食べていました。

小学生の頃、生前の母がツミレをつくっていたのを手伝いました。イワシをすり鉢ですり、にんじんやごぼうなどの野菜も混ぜて丸めるのですが、私はすり鉢をおさえる役目。油で揚げて醤油をつけて食べると、外はサクサク、中はふんわりしておいしかったですね。

結婚して、関東に住むようになってからは、イワシはあまり食べなくなりました。

ただ50代の頃、お料理好きの友人に「最初に酢で煮ると、骨まで食べられる」という調理法を教えてもらい、時々イワシを食べるように。

鍋にイワシとひたひたの酢を入れて5分ほど煮て、酢は捨てます。その後、酒、醤油、しょうがを入れて煮ます。酸っぱくないし、骨もやわらかくなります。

今よく食べるのは、アジです。よく行く魚屋さんで、刺身用に3枚におろし、皮まではいでくれたものが売っているので、1年中これを食べます。

家族で海水浴に行ったときの1枚。父の膝に座っているのが私です。5歳くらいでしょうか。しかめっ面は太陽がまぶしいのかしら。モノクロだとわかりませんね。

長崎に、茂木（もぎ）というところがあります。茂木びわで有名ですが、フグでも知られています。戦前のことですが、毎年シーズンになると茂木にいる父の知人が、フグをわが家に届けてくれました。

そのフグを父がさばきます。当時ですから、免許などありません。父は、果物屋の従業員さんにも「フグを食べていかないか？」と声をかけますが、「用がありますので」と言って絶対に食べない（笑）。

父がさばいた、フグチリが本当においしかった。

今なら、ありえない話ですが、当時はまだ大らかな時代でした。幸い事故はありませんでした。父は海育ちで、泳ぐのも、釣りをするのも上手。魚にも詳しかったです。よく魚つりについて行きました。

お刺身…調理いらずでラク。アジが定番

お刺身は調理いらずなので、よく食べます。焼き魚や煮魚は、ひとりの今はほとんどやりません。お刺身でよく食べるのがアジで、先にも書いた3枚におろしたお刺身用のものです。

まずは薄く切り、しょうが醤油をつけて。残ったものは、酢に漬けて酢漬けにします。酢の効果で3〜4日は冷蔵庫でもつし、同じ素材でも味を変えると、続けて食べても飽きません。酢に漬ける時間は1〜2時間で大丈夫。それ以上はパサつくので、引き上げておきます。

白身の魚やブリのお刺身も好きだけど、ひとりでは量が多いし酢漬けにはしないので、やっぱりアジが多くなります。しめサバは時々買います。

①　②　③

④　⑤

お刺身用アジの酢漬け

①お刺身用アジに塩をして１時間ほど置く。②水で洗う。③水気をキッチンペーパーで拭く。④保存容器に入れ、ひたひたの酢を加える。⑤冷蔵庫で1～２時間置く。すぐに食べないときは、酢からアジを出しておく。

干物…焼くだけで簡単

干物は保存がきき、焼くだけで簡単なので、料理の気力がわかないときに便利。食べるのは、ご飯をとる昼食時に。

干物もやっぱりアジを選びます。大きさが一人前にちょうどいいのです。

干物と言えば、イワシの桜干し（みりん干し）が思い出深いですが、今はさっぱりした、シンプルな塩干しがほとんど。3枚入りを買い、冷凍しています。

干物ではないですが、塩鮭も好きで、同様に冷凍保存しておき、昼食で食べることが多いです。

お刺身用のアジを買う魚屋さんで、おいしい干物も売っており、そこで買います。冷凍しておくと便利。

郵便はがき

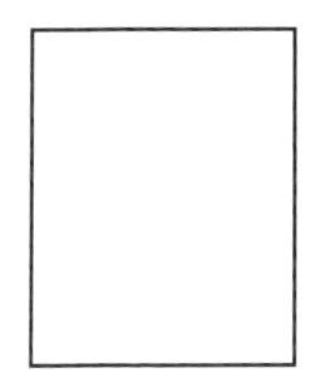

1 7 0 - 0 0 1 3

(受取人)

東京都豊島区東池袋 3-9-7
東池袋織本ビル 4 F
㈱すばる舎 行

この度は、本書をお買い上げいただきまして誠にありがとうございました。お手数ですが、今後の出版の参考のために各項目にご記入のうえ、弊社までご返送ください。

お名前（ふりがな）	男・女	才
ご住所 〒		
ご職業	E-mail	
今後、新刊に関する情報、新企画へのアンケート、セミナー等のご案内を郵送またはＥメールでお送りさせていただいてもよろしいでしょうか？ □はい □いいえ		

ご返送いただいた方の中から抽選で毎月３名様に
3,000円分の図書カードをプレゼントさせていただきます。

当選の発表はプレゼントの発送をもって代えさせていただきます。
※ご記入いただいた個人情報はプレゼントの発送以外に利用することはありません。
※本書へのご意見・ご感想に関しては、匿名にて広告等の文面に掲載させていただくことがございます。

◎タイトル：

◎書店名（ネット書店名）：

◎本書へのご意見・ご感想をお聞かせください。

ご協力ありがとうございました。

缶詰…そのままでも料理に使っても

魚の缶詰は面倒な下ごしらえもなく、骨まで食べられるので、魚好きの私にはうれしいもの。

よく買うのはイワシ缶です。昼食や晩酌の肴によく登場します。そのまま食べられる味付きを選びますが、私は器に移して、電子レンジで少し温めます。

サバ缶は白菜と煮込むとおいしいです。ただ、サバ缶は1缶の量が多め。イワシ缶より登場回数は少ないです。ツナ缶も手軽ですが、私はあまり食べません。

イワシの醤油缶にひと手間

100 gくらいのものなら2回で食べきれます。生臭さが気になるときは、砂糖と醤油を少し足して煮ます。

練り物…ちくわは晩酌の肴によく出ます

よく食べるのはちくわとさつま揚げ。料理にも使いますが、そのまま食べてもおいしいです。年齢とともにタンパク質不足が気になるので、手軽に補える練り物は、高齢者にはいいですね。昼食に食べたり、晩酌の肴にもなります。

〈さつま揚げ〉

高校生の頃、向かいのかまぼこ屋さんでさつま揚げを2枚買って、自分で砂糖と醤油で煮てお弁当のおかずにしていました。それから、ずっと食べ続けています。今は、軽く焼いてしょうが醤油で食べるのが好きです。小松菜や白菜などの野菜と一緒に煮ると、出汁いらずに。さつま揚げを肉代わりに、玉ねぎと卵でつくるチャーハンも定番です。ハムや焼き豚よりもボリュームが出て、食べごたえがあります。

〈ちくわ〉

練り物色々

奥から、ちくわ、さつま揚げ、ハモ天。板付きかまぼこは、長崎ではあまり馴染みがなく、今も食べる機会は少ないです。さつま揚げを「揚げかんぼこ（かまぼこ」と言います。

食べやすく斜めに切って、そのままわさび醤油で食べることが多いです。お気に入りの器に盛りつけたら、立派な一品になります。

決まって買うのは、紀文の細めのちくわ。食べやすいサイズなので、お腹の空き具合に合わせて1〜3本、昼食や晩酌でいただきます。3本入りパックが残らずに使いやすいサイズなので、必ず1パックは常備しています。

ひじきを煮るときには、出汁代わりの食材として、ちくわと油揚げの両方を入れます。子どもたちが小さいとき、ちくわをお好み焼きの具にしたことも。

〈ハモ天〉

さつま揚げと似ていますが、ハモが入ったハモ天も食べています。長崎ではよく食べていましたが、関東では一般的ではないよう。干物や練り物を買うお店で、ハモ天も扱っているので、見つけると必ず買います。さつま揚げに比べると、弾力がある歯ごたえ。食べやすく切ってそのまま、醤油をつけて食べます。

大豆製品をとる

夏は冷奴、冬は湯豆腐で晩酌

大豆製品は大好きなので、よく食べます。ほとんど毎日食べているのは豆腐。子どもの頃、冬はよく鍋をしたのですが、他の具材よりも豆腐を一番に食べていました。ツルッとした喉ごしが好きで、ずっと食べ続けています。

油揚げや厚揚げもよく買います。お稲荷さんが大好きで、昔は休日の子どもたちの昼食に、九州の姉たちが遊びに来たときのおもてなしに、大皿にいっぱいつくっていました。今はお稲荷さんはつくらないけれど、油揚げは常備しています。5枚1セットなど大容量のものを買い、細く切って冷凍し、味噌汁に凍ったまま入れたり、ひじきや切り干し大根と一緒に煮たりします。

厚揚げは、野菜と一緒に煮ることが多いです。そのまま焼いても食べごたえがあるので、メインのおかずになって重宝します。

豆腐…お気に入りの木綿豆腐

小さい頃から、豆腐をよく食べていました。当時、豆腐と言えば木綿しかありませんでした。今でも木綿豆腐が好きです。

色々食べ比べてみて気に入ったのが、「北の大豆」（タイシ）という豆腐。長崎で食べていたのと近い味がします。2パックに分かれているので、使い勝手もいいです。

夕食によく食べるのは、冬は湯豆腐、夏は冷奴。1パックが180gで、湯豆腐のときは1パックを、冷奴のときは半分の90gを毎食食べます。

だから、冬は2日に1回、夏は4日に1回、

お気に入りの「北の大豆」（タイシ）。豆腐は木綿派。冷やしても温めてもおいしいです。ただ厚揚げは絹が好きです。

必ず豆腐を買います。お気に入りの豆腐は近所のスーパーで取り扱っていますが、売りきれないうちに午前中に買い出しに行きます。

湯豆腐は、土鍋に出汁昆布と水、豆腐を入れて煮るだけ。椎茸、春菊などを沸騰した鍋に加えることも。酢醤油と柚子胡椒でいただきます。

冷奴はしょうが、小ねぎ、カツオ節のほか、大葉、みょうがなど薬味をたっぷりのせて。他にも、味噌汁の具や肉豆腐にすることもあり、わが家の豆腐の消費量は、ひとり暮らしなのに多いと思います。

大阪でのひとり暮らしの時代も、よく湯豆腐をつくっていました。下宿の台所は、大家のおばあちゃんとの共有でしたが、人見知りの私はなかなか打ち解けられません。

ある日、湯豆腐を食べていたら、「それ何?」とおばあちゃんが聞くので、「湯豆腐よ。食べてみる?」と答えてお裾分け。そんなことをきっかけに、徐々におばあちゃんとも話せるようになりました。おばあちゃんも湯豆腐を気に入ったようで、その後よく食べていました。

湯豆腐

冬の夕食の定番料理。日本酒に合います。豆腐はボリュームがあり、野菜も一緒に食べればお腹いっぱいに。

厚揚げ…小松菜などと一緒に煮ても

豆腐は木綿ですが、厚揚げは絹を選びます。滑らかで口当たりがいいです。

魚焼きグリルで焼き色がつくくらい焼いて、しょうが醤油で食べることが多いです。ボリュームがあるので、これだけでもメインのおかずになります。

小松菜やいんげんなどの野菜と一緒に、砂糖と醤油で煮ることも。このとき、斜めに切って断面を大きくすると、味がしみやすいです。

厚揚げのグリル焼き

厚揚げは表面に油がついているので、グリルで焼くとかりっとしておいしいです。冷凍しているしょうがをのせて。

納豆…ひきわりが食べやすい

納豆は、10日に1回ぐらい3パックのものを買って、常備しています。何もない昼食は卵かけ納豆ご飯にします。

生卵を混ぜると、つるっと食べやすくなり、栄養もプラスできます。小ねぎをかけると、彩りもいいです。

以前は大粒が好きだったけれど、年齢とともに食べやすいひきわりを選ぶようになりました。

晩酌のおつまみにすることもあり、冷蔵庫に入っていると安心です。

ひきわり納豆に卵をかけて

ひきわりは食べやすいです。生卵を入れると味が薄くなるので、少し醤油を足して。

卵をとる

ゆで卵を一度に5個つくってしまう

朝食に、ゆで卵を毎日1個食べています。1回に5個まとめてゆでて、冷蔵庫で保存。水から約10分ゆでると、私好みの固ゆで卵ができます。

昼食でオムレツをつくることも。卵を2個使い、具は入れません。バターでふんわりと焼きます。器に盛って、時々ケチャップをかけたりもします。

戦時中、食べるものがないので、父が家の庭に2階建ての鶏小屋を建てました。鶏を4～5羽飼っていたと思います。毎朝、私は率先して、鶏小屋に産みたて卵をとりに行きました。朝食には、その卵をご飯にかけて食べていました。お客さんが来たときに、鶏を絞めて水炊きにして食べたりもしていました。

調理師学校を卒業した後、縁あって居酒屋さんで働いたことがありました。週末の金、土曜日に自由が丘まで通い、調理のお手伝いをしました。

卵焼きをつくってほしいとリクエストがあり、ごく普通のだし巻き卵をつくったら、

「これじゃない。もっと家でつくっているようなのがいい」

と言われました。

それで、うちでつくっている甘い卵焼きをつくったら気に入ってもらい、店のメニューとして採用されたのです。

大根おろしを添えた甘い卵焼きは、店の人気メニューに。調理師学校に行ったおかげで、楽しい経験をさせてもらいました。

ゆでる前に、卵の底をハサミで軽くたたき、殻にヒビを入れておくと、殻がむきやすくなります。

15cmの小鍋にちょうど５個入ります。卵がかぶるくらいの水を入れたら、酢を回しかけて。こうしておくと、ヒビから白身が流れ出ない効果があるようです。

乳製品をとる

牛乳は1日2杯。おやつに時々チーズを

牛乳は朝食にスムージー、夜寝る前のレモン酢に、だいたい100ccずつくらい飲んでいます。

レモン酢は、料理研究家の村上祥子さんの本で紹介されていたもの。輪切りにしたレモンに、氷砂糖と酢を加えるだけ。血圧を下げたり、便秘解消にも効果があるよう。脳を活性化して、認知症も防いでくれるとか。

高齢者にうれしい効果もいっぱいですが、何よりも味がおいしいです。私は夜寝る前、コップ1杯の牛乳にレモン酢大さじ2を混ぜて飲んでいます。牛乳がとろっとして、ヨーグルトのよう。牛乳のタンパク質とカルシウムも補給できます。

健康食品やサプリメントには興味がないですが、身近な食材でできるものは積極的に試しています。

自家製レモン酢を牛乳に入れて

レモン1個で1ヵ月もちます。漬けたレモンも食べられるそうですが、私は食べません。

ベビーチーズをおやつや晩酌に

牛乳の他にとるのはチーズ。小腹が空いたときにいいです。最近はヨーグルトも食べるようになりました。

海藻類をとる

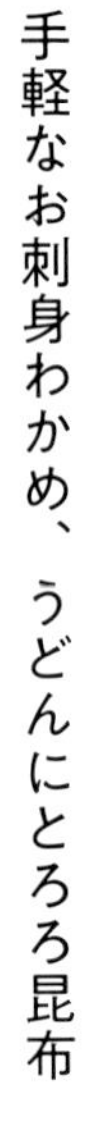

小学生の頃、夏休みは父の実家の島原に行きました。朝、宿題をしたら、海に行きます。泳ぎも島原の有明海で覚えました。お腹を空かせて帰ってきて食べる昼食は、めかぶご飯です。めかぶをご飯にかけて食べるだけですが、おいしくてご飯が何杯でも食べられました。

旬の春に生のめかぶを見つけたら、必ず買います。自分で熱湯でゆでて、刻みます。たくさん量があるときは、フードプロセッサーを使うことも。面倒ではありますが、自分でしたほうが断然おいしい。年に一度なので、イベント感覚で楽しみます。

毎日食べるのは、手軽なものです。すぐに食べられるお刺身わかめや塩蔵わかめ、それから、とろろ昆布です。お弁当は、ご飯の間に海苔をはさんで炒り卵をのせた海苔弁が定番です。常備菜には、ひじきの煮物をよくつくります。

お刺身わかめ…酢醤油で

魚屋さんで、パックに入っていてそのまま食べられる、お刺身わかめという商品を見つけました。

酢醤油と柚子胡椒で食べたらおいしいし、簡単に一品になるので、今では時々買うようになりました。お酒のおつまみにもいいですね。

味噌汁に入れたり、きゅうりと合わせて酢の物にしたりするときには、塩蔵わかめを使います。乾燥よりも塩蔵のほうが好きです。食感も生に近く、やわらかくておいしいです。

お刺身わかめはそのまま食べられて便利。

とろろ昆布…お茶漬けにする食べ方も

長崎では「おぼろ昆布」という板状になっているものを、うどんにかけて食べていました。今、住んでいる場所では、あまり売られていないので、とろろ昆布で代用します。材料は同じ昆布ですが、カンナで削ってつくるのがおぼろ昆布で、値段もやや高めです。

今日は何もつくりたくないなというとき、ご飯の上にとろろ昆布をのせ、緑茶をかけて、お醤油を少し垂らしたお茶漬けに。時々、無性に食べたくなります。

大阪でひとり暮らしをしていたとき、遊びに来た友達に「とろろ昆布があれば、お茶漬けができる」と教えてもらいました。食べてみたら、本当においしかったので、それ以来60年以上食べています。

うどんにとろろ昆布は、今でもやります。他に特別な具材がなくても、とろろ昆布をたっぷりかけるだけでおいしいです。

また、おにぎりは海苔ではなく、とろろ昆布で包みます。

S&B

出汁昆布…まとめて佃煮に

冬になると、夕食は毎日のように湯豆腐です。出汁をとった昆布を捨てるのはもったいないので、2cm角ほどに切って保存袋に入れ、冷凍しておきます。

袋がいっぱいになるくらいにたまったら、佃煮にします。

酒と醤油だけで煮るのですが、途中で酢を入れて昆布をやわらかくします。昆布によって、なかなかやわらかくならないものもあるので、味見しながら酢の分量を調整します。

出汁昆布は安くないから、二次利用できるのはうれしいです。

毎晩のように食べる湯豆腐で出る昆布を捨てるのはもったいないと思い、
佃煮にするように。

出汁をとった後の昆布は冷凍しておく

出汁昆布の佃煮

①鍋に凍ったままの出汁昆布を入れ、酒を入れる（ここでは１カップ）。②酒と同量の醤油を加え、５分ほど煮る。③酢（ここでは大さじ２）を加えて、汁気がなくなるまで煮詰める。

果物をとる

毎朝りんごを半個、皮はスムージーに

実家が果物の卸と小売をしていたこともあり、果物は大好きです。

子どもの頃に食べていたのは、りんごとみかん。今のように、色々な果物が豊富になかった時代です。家にりんご箱があり、よくその中に手を入れて、りんごをとって食べていました。

種類は、インドりんごと紅玉の2種類。インドりんごは、甘かったけれど固くて苦手でした。紅玉は、酸味があっておいしかったので、こっちばかり食べていました。今は、インドりんごはないし、紅玉はお菓子用で、あまりお店で売られていません。

朝食には、半個のりんごを毎日食べています。叔父たちから「美智子が元気なのは、小さい頃からりんごばっかり食べてたおかげだ」と言われていました。それくらい、りんごをよく食べていたんでしょうね。

柿や梨、ぶどうなど、その時々の季節の果物も楽しんでいます。柑橘類はよく食べます。とくに、ほろ苦くて果肉がしっかりしている、はっさくが大好きです。

夕食後のデザートに、皮をむいて1回に半分くらい食べちゃいます。3～4個セットで売られていますが、常温保存で日もちもいいので、ひとりでも食べきれます。

冬から春の旬になると、ずっしりと重いはっさくを買うために、リュックで出かけます。リュックに入れて背負って帰ってくるのも、食べたい気持ちが勝り、苦になりません。

果物屋の店先での父。飼っていたシェパードのエスは軍用犬として連れていかれました。

店番をする母（右）。左は近所のお店の人かしら？懐かしい母の笑顔です。

第4章 食事の時間を楽しむ工夫

器が大好き。「ピンときた」ものをこつこつ集めてきました

毎日の食卓に並ぶのは、どこにでもある普通のおかずです。食欲がないなと思うこともなく食べられるのは、器の力も大きいと思います。

生まれ育った長崎は、有田、伊万里など陶器の産地の近くですし、早くに亡くなった母、それに姉たちも器が好きだったので、私も自然に器が好きになりました。とくに、母親代わりだった4番目の姉、8歳下の妹、姪（3番目の姉の娘）、そして私の4人は、趣味が似ており、よく連れ立って全国各地の骨董市や陶器市に行きました。長男が栃木に住んでいるので、益子の陶器市にもよく行きました。シンプルな益子焼は、私の持っている和の器たちにも合うので、いくつか持っています。

器との出会いは、一期一会。「これ、いいな」とピンときたものは、だいたい買います。迷うことが少ないので、決断は早いです。でも、ピンとこなければ買いません。

普段使いの器。真ん中の青い器は、何を盛ってもおいしそうに見えてお気に入り。左下は益子焼のお茶碗。隣は京都で購入した豆皿と、金沢で買った九谷焼。

好きなものなので、妥協はしたくありません。

高価なものはなく、日常使えるような1枚2000～3000円くらいのものが中心。30～40年使っているものもあるので、結果的に安い買い物でした。

骨董も好きですが、骨董だからと買うことはないです。やっぱり「ピンときた」ものがいいですね。

知人が自宅で、骨董や海外のもの、有田焼など日本のものを売っていました。私の趣味と合ったので、何度かお邪魔して器を購入しました。

その方から購入したもので、今でも一番の

骨董の器。左手前の華やかな平皿は、金継（きんつ）ぎされていて1000円で購入。その右の深皿はラーメンの丼にしたり、煮物をどーんと盛ったり多用途です。

すべて益子の陶器市で買った器。最近の若い作家さんがつくるシンプルなものに惹かれます。陶器市はたくさんのお店が出店、見て歩くだけで楽しい。

お気に入りが、有田焼の18㎝ほどの中皿（163ページ中央）。青い鳥と花の絵柄が入った華やかなもので、和食、洋食、中華にも何でも合うのです。

実は、産地の有田の陶器市でも同じ器が売られていたそうで、4番目の姉から「美智子の器と同じものを見つけて買ったよ」と言われました。趣味が似ているから、同じものを引きつけてしまうのかもしれません。この器は、私ひとりのときでもどんどん使い、お客様にもお出しします。


毎日の晩酌のとき、日本酒を入れるのは蕎麦猪口です。

濃いめの青色の蛸唐草（たこからくさ）模様、淡い青色の風景画の蕎麦猪口は、骨董市で買いました。江戸時代後期のものだそうで、1個5000円くらいでした。飾り物なら高いけれど、日常に使うなら安いものです。

矢羽模様の蕎麦猪口もやはり骨董市で購入し、大正か昭和の新しいもので500円でした。それぞれ別々に買いましたが、並べてみると雰囲気が似ています。

骨董の蕎麦猪口。もちろん蕎麦のときにも使います。
藍色が好きで、3つともすべて藍色ですね。他の器や
布地にも藍色が多いです。

子どもたちが小さい頃は割れるかなと心配して、普段は安いものを使っていましたが、だんだん考えが変わりました。普段にこそ、お気に入りの良いものを使いたい。毎日使うなら、5000円でも高くないなと思います。でも、値段で選ぶことはないから、100円ショップで買うこともあります。

家族が多かったときは、5枚セットで買うこともありましたが、今は自分用にひとつだけ。私の趣味で選んでいるから、単品で買っても食卓に並べてみると、他の器と雰囲気が合います。この器とあの器を組み合わせようかと考えるのも、楽しみのひとつです。

どんなに気に入っている器でも、割れてしまうことがあります。でも、それは仕方がないこと。欠けて表情が変わることもありますが、少しくらいの欠けなら、それも味だと思って使います。

器好きの姪は金継ぎをしていますが、私はそこまでしません。出会った縁を大切にし、割れてしまったら潔くお別れします。

手前は琉球ガラス。薬を飲むときなどに毎日使っています。ブルーの柄のビアグラスもお気に入り。

湯のみ。真ん中の萩焼は姪からもらいました。左は東京駒場の日本民藝館近くの陶器屋さんで買ったもの。

盛りつけのコツは「余白を残す」「中央を高く」「青味を少々」

料理の盛りつけは、姉妹やお友達の家の食卓、料理本の写真、外食した料理などからヒントを得て、自分なりに工夫しています。

気にしているのは、器いっぱいに盛りつけずに余白を残すこと、中心を高く盛りつけること。これだけでも、かなりおいしそうに見えるなと思っています。

ほんのちょっとでもいいので青味があると、器の中が華やかになり、食欲をそそります。料理に青味がないときは、小口切りして冷凍した小ねぎの出番。何にでもパラパラとふりかけます。夏は、大葉の千切りもいいですね。

豆苗（とうみょう）を食べた後、残った根の部分で再生栽培をします。この間、器にアジの干物と大根おろしを盛りつけたら、なんとなく寂しい感じがしました。豆苗を添えてみると、ぐっとおいしそうに見えました。

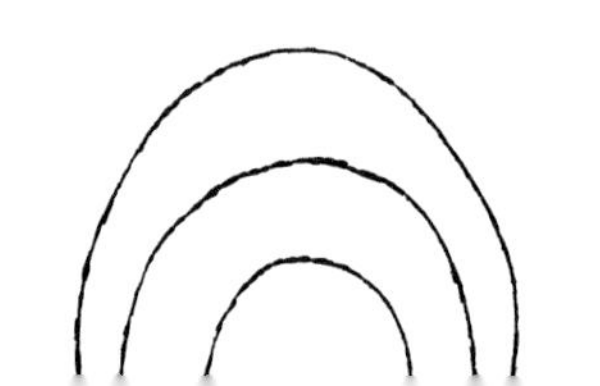

ひとりの食事でも、大きめの器を使い、
余白をたっぷりと。なんてことない普
段のおかずが豪華に見えます。

自己満足ですが、ｉＰａｄで早速撮影。自分自身が楽しい気持ちになるし、習い事で会うお友達にも見せて話の種にすることもできます。

器の選び方は、まずはメインのおかずに使うものを決めます。柄が入っているものにしたら、副菜はシンプルなものにします。平らな器に高さのある器、丸い器に四角い器を組み合わせるなど、変化をつけることもあります。

中でも登場回数が多いのは、直径15㎝ほどのなます皿。江戸時代になます（酢の物）を盛りつけたものだそうで、縁が高く汁気のあるものにも使えます。

今、わが家にはバラバラに購入したなます皿が4枚あり、2枚は印判という大量生産されたもので、近くの骨董屋さんで１０００円ほどで買いました。残りの2枚は赤絵の染付けで、骨董市で購入しました（１７１ページのお皿がその１枚）。

本当によく使っているので柄がやや薄くなっていますが、それも経年変化の味です。この4枚は、ひとり分のおかず、お刺身、サラダなど、何でも盛りつけます。来客時には、取り皿としても重宝しています。

リビングの窓辺。豆苗は3回収穫したら味が落ちたので、栽培を終えました。後ろは、同じ団地の方からいただいた多肉植物。

リビングの食器棚。以前はパンパンに入っていた器をだいぶ整理したので、「飾るように」しまえています。眺めて楽しみます。

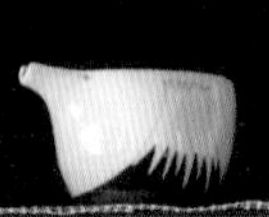

食卓横にある骨董の箪笥。近所の骨董屋さんで見つけました。ここには湯のみや来客時の取り皿などを入れています。真ん中の引き出しには日用品を。

毎日欠かさず食べるおやつは、昼寝の後のプリン

昼食の後1～2時間、昼寝をすることがあります。その後、3時か4時頃がおやつの時間です。よく食べるのがプリン。喉ごしがよくて食べやすく、卵の栄養もとれ、高齢者にはうれしいおやつです。昔からプリンは大好きで、よく手づくりしていましたが、今は市販品で十分です。

団地のスーパーで売っている少し大きめサイズ、1個100円ほどのものがお気に入りです。人気商品なのか、午後だと売り切れのときがあるので、買い物は午前中に行くようにしています。プリンを食べながら紅茶を飲み、好きなYouTubeをテレビで見るのは楽しい時間です。

他には、ベビーチーズやところてんも食べます。

ところてんは喉ごしがよく、酢醤油でさっぱり食べられるので、夏はよく登場します。長崎にいた子どもの頃からよく食べていました。

当時、ところてん屋さんが、決まった時間に家の前に売りに来たので、お鍋とお金を用意して待っていました。

声が聞こえたら表に出て行って、ところてん突きでその場でつくってもらっていました。その様子を見ているのも楽しくて。

うちの近くにあった井戸の水を使って、暑い夏にところてんを冷やしていたようです。

この間、ひさしぶりに長崎に帰ったとき、その井戸がなくなっていました。ずっと残っ

昼寝の後のおやつ時間はテレビを見ながら。プリンには紅茶を。

ていた井戸だったので、すごく残念でした。

ミックスナッツもおやつに食べます。ナッツが体に良いとテレビで見たので、早速お得な大袋で購入しました。味がついていない素焼きタイプで、アーモンド、くるみ、カシューナッツなどが入っています。

ガラスの瓶に入れて、1回に10粒ほど器に出して食べています。その番組に出ていた女優さんが「たくさん食べるとお腹が張る」と言っていましたが、私の場合も同じです。だから、食べすぎないように、1回の数を決めています。

子どもの頃のおやつの思い出と言えば、母親代わりだった4番目の姉がつくってくれたお茶碗ドーナツです。

小麦粉をこねて生地をつくったら、まずはお茶碗で丸く型を取り、ひっくり返して高台（こうだい）（底の脚の部分）で真ん中の型を取ります。私も手伝って、一緒に揚げていました。お菓子がない時代だったので、何よりのおやつでした。

その姉が、よくお芝居に連れて行ってくれました。そのとき、姉がつくってくれた

のが、紅しょうがを刻んでご飯に混ぜた細巻き。お弁当箱に切って並べると、花が咲いたようにきれいでした。

そういえば、こんな思い出も。小学校に上がる前、祖母と日曜日にお寺の講話を聞きに行っていました。和尚さんが色々な話をしてくれるので、それがおもしろかったのです。

他にも、芸者さんの踊りの会を見に行ったり、浪花節を聴きに行ったりしました。うちが商売をしていたせいか、招待券をよくもらっていました。

意味はわからないのに、子どもが浪花節で泣いていました（笑）。

時々持っていく お弁当の楽しみ

高齢者コミュニティの習い事に、昼をまたいで参加するとき、お弁当を持っていくことがあります。いつも同じ、甘い炒り卵をのせた海苔弁です。卵2個を小さめの鍋に入れ、砂糖と醤油を加えて火にかけ、菜箸（さいばし）で大きめに混ぜて炒り卵にします。

お弁当箱にご飯を半分くらい入れ、ちぎって醤油につけた海苔をのせ、さらにご飯を入れます。最後に炒り卵をのせたら、出来上がり。ご飯に醤油がしみ、甘い炒り卵と一緒に食べるとおいしいです。

彩りに、ゆでたほうれん草や梅干しのちぎったものをプラスすることもあります。最近、冷凍食品のブロッコリーを凍ったまま入れたら、お昼頃にちょうど解凍されていて便利だなと思いました。

最初にご飯半量を敷き、醤油をつけた海苔をのせます。そのうえに、ご飯の残りを敷き、炒り卵を。

たっぷり卵2個分の炒り卵をのせたお弁当。お弁当袋は手づくり。丸いお弁当のサイズに合わせてマチをつけた自信作です。

海苔弁は、亡くなった夫も大好きでした。

夫は80代になると、家にいることが多くなりました。私が昼にいないときは「近くのスーパーでお弁当を買うよ」と言ってくれていましたが、あるとき、買い物に行く途中で転んで、頭を怪我したのです。

「外出は危ないな。お弁当をつくっておこう」と思い、それから海苔弁をつくり始めました。

夫の現役時代は、毎日おかずを変えてお弁当をつくっていましたが、このときはこれを定番に。夫も「これが一番。毎日でもいいね」と言ってくれました。


もともと体力があり、運動神経抜群の夫でしたが、その後も転ぶことが増え、車の運転も蛇行するようになりました。病院で検査をしたら要介護1に。夫を置いて外出するのが難しくなり、お弁当はつくらなくなりました。

そのうち、夫はデイサービスに週2回ほど通うようになりました。最初は文句を言っていましたが、負けず嫌いの性格のせいか「輪投げで1位になった」「習字が貼り出された」とうれしそうに報告してくれるので、私も少しホッとしました。

お弁当箱は、大中小7個の丸型の曲げわっぱがセットになったものです。用途に応じて、本体とフタを組み合わせることができます。

お友達が出品している、吊るし雛の展示会に行ったとき、たまたま売店でこの曲げわっぱが売られていました。「わあ素敵」とピンときましたが、値段は3万円ほどもする高価なもの。一緒に行ったお友達に相談したら、「良い買い物だと思う」と背中を押してくれ、思いきって購入しました。

あれから10年以上たちますが、夫のお弁当、私のお弁当、時にはお菓子を入れたりと、色々使っているので、高い買い物ではなかったですね。器と同様、高くても安くてもピンときたものは長く使っています。

お弁当袋と箸入れ袋は自家製です。素敵な端切れをお友達からいただいたので、何かに活かせないかなと思っていたのです。ミシンは使わないので、手縫いです。

天ぷら、ステーキ…「家でつくらない」ものを外食で

2週間に一度ほど、次男と孫が来るときは、昼を外食にすることが多いです。普段は自炊ですが、このくらいのペースでの外食は、ちょうどいい気分転換になります。よく食べに行くのは、家ではつくらないもの。次男親子が好きなのは、チェーンのステーキ専門店です。私もひとりの食事だとお肉が不足するので、喜んで一緒に行きます。2人はボリューム優先で安めの牛肉を選びますが、私は少量でいいので、奮発して牛ヒレステーキを。噛みづらいので、小さく切って食べます。

店内を見ると、意外に高齢者も多いです。この間、70代くらいの女性が、ひとりでステーキを食べていました。分厚い肉はやっぱりおいしいですね。

天ぷらも家ではもうつくらないので、おいしい定食屋さんに行きます。蕎麦屋さんもよく行きますが、ここでも天ぷら蕎麦を食べます。家ではざる蕎麦ですが、お店では温かい蕎麦もよく食べます。

習い事のお友達と、年1〜2回少し奮発して外食をすることもあります。

市民センターの歌の教室の仲間と、うなぎを食べに行こうと約束しました。早速日程を決め、カレンダーに書き込みました。

めったにないことですが、おいしいものを食べる予定はワクワクします。

時々の外食が気分転換になり、毎日の自炊をがんばれます。今のバランスが、ちょうどいいなと感じます。

来客はいつもの料理でおもてなし。話題が広がります

仕事柄、顔が広くて面倒見もよかった父。食べることも、お酒を飲むことも大好きだったので、自分で料理をして人を招いていました。よく来ていたのは、仲のいいおじさんたち4～5人。歌のうまいおじさんがいて、私たち子どもにいつも聞かせてくれました。

母は亡くなっていましたが、姉妹が多いし、父の友達が頻繁に集まり、寂しいと感じたことはなかったです。

小さい頃からこんな環境だったので、来客のおもてなしも苦ではありません。狭い団地の部屋に、色々な人がやってきました。

おもてなし料理は、特別なことはしません。いつも食べているようなものをお出しします。気をつけているのは、ホストである私があまり忙しくしないことです。お客様も落ち着かないし、「何かお手伝いをしたほうがいいのかも」と気をつかわせることになるからです。

だから、メイン料理は煮込みハンバーグ、カレー、おでんなど前日につくっておける料理が多いですね。牛肉のたたきなど、簡単だけど見栄えがする料理もよく登場します。副菜はにんじんのきんぴらやポテトサラダなど、温めればすぐ食べられるもの、冷めてもおいしいものを、やはりあらかじめつくっておきます。

素麺はゆでて時間がたっても、伸びることはないとお話ししましたが、夏のおもてなしにも活用します。あらかじめゆでて、冷蔵庫で冷やしておきます。暑い夏は、さっぱりした素麺が意外に喜ばれます。

つくり慣れていない料理は失敗することもあるので、無理はしません。わが家のごく普通のメニューでも「煮込みハンバーグは、うちの味とは違って新鮮」「わが家のおでんには入れない材料が入っていたので、今度はまねして入れてみる」「牛肉のたたきは、うちでもやってみたいから、つくり方を教えて」など、身近な料理だからこそ話題が広がります。

おもてなしと言えば、こんなことがありました。

戦争が終わって数ヵ月たった頃、私はまだ小学5年生でした。寒い冬の日、わが家の玄関の前で進駐軍の若い兵士さんが、立ったまま食事をしていました。

父は、家の中に兵士さんを招き入れて、ストーブの前で食べるようにすすめました。実家は果物の卸の商売をしており、玄関の横は事務所になっていました。その場所を提供したのです。

英語もできない父が、どんなふうに話しかけたのかわかりません。寒い中で立って食事をしていた姿を見かねたのでしょう。

兵士さんはいたく感激し、そのことを上官に報告したようです。後日、父は軍のパーティーに招待されました。パーティーで出された食事について、父が話していたのを覚えています。

大人数のお客さんのとき、よくお出しするのはチキンカレー。スパイスをたっぷりきかせます。おかわりからはセルフサービスで（笑）。

その若い兵士さんは、お休みの日にたびたびわが家に遊びに来るようになりました。まだまだ物がない時代だったので、食事のおもてなしはなかったけれど、一緒にトランプをしたり、桃太郎の歌を教えてあげたりといった交流が続きました。兵士さんが帰国するときには、羽子板をお土産にプレゼントしました。

父は、戦争でひとり息子の長兄を亡くし、相当に悲しんでいるはずなのに、かつての敵国の人に優しく接していました。そんな父を見ていたので、私たちも敵味方ではなく、ひとりの人間としておもてなしができたのだと思います。大人になっても忘れられない、父の思い出です。

第5章
無理なく自炊を続けられる台所の工夫

包丁は基本的に、文化包丁1本です

包丁は3本持っています。文化包丁、ペティナイフ、パン切り包丁です。

普段の料理に使うのは基本的に、文化包丁1本です。60代のときに、前に使っていたのが古くなって買い替えました。奮発して、デパートで数万円するものを買いました。20年以上使っていますが、とてもよく切れます。

月2〜3回は研ぐように。研ぎ石は、しまい込むと面倒になるので、外に出してあります。トマトやお刺身を切るとき、「切れ味が悪くなったな」と思ったら、研ぐ合図です。

ペティナイフは調理師学校に通っていたとき、先生から「1本持っておくといいよ」とすすめられました。主に果物を切るときに使います。毎朝りんごを食べるので、必需品です。

上から、パン切りナイフ、普段使いの文化包丁、果物を切るときのペティナイフ。まな板はひとりの食事にちょうどいいサイズ。

まな板は、結婚したときに長崎で買ったもの。60年くらいたっているので、よく使う真ん中が減って切りにくいけれど、もう1枚、小さいまな板もあるから、買い替えるほどではないかなと思っています。

毎日のひとり分の食材は、上の小さいまな板を使っています。

九州に里帰り旅行をしたとき、イチョウの木のまな板を見つけて買いました。乾くのが速く、包丁のあたりもやわらかくて、気に入っています。

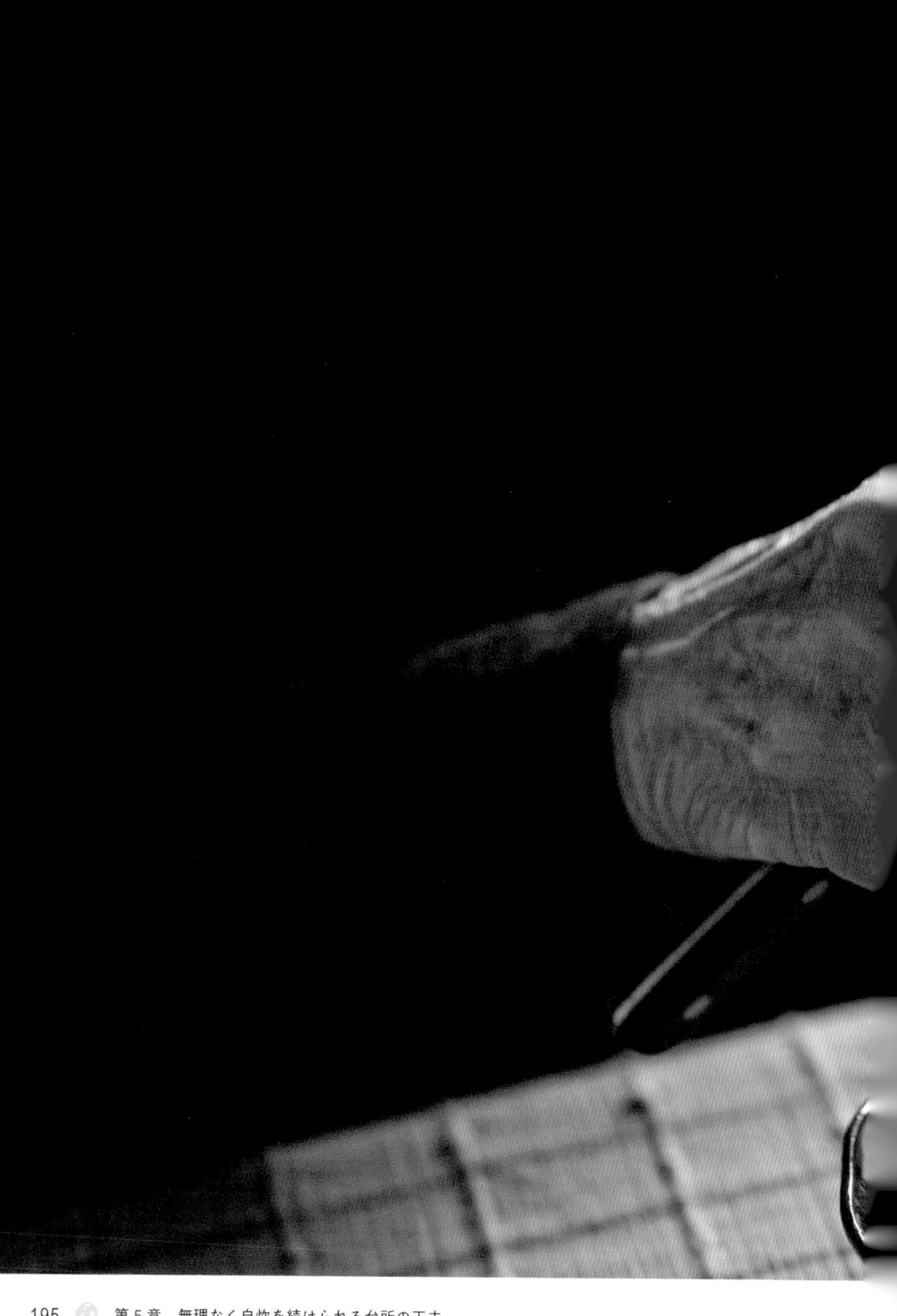

鍋もフライパンも数を増やさない。55年使っている無水鍋

調理でよく使うのは、直径15cmの小鍋と20cmの雪平鍋（ゆきひらなべ）です。小鍋は野菜をゆでたり味噌汁をつくったり、朝食用の卵をゆでるなど、ほぼ毎日使っています。雪平鍋は、多めにつくって保存するおかずなどに使います。

フライパンは20cmと24cmの2つ。小さいほうは椎茸のバター醤油炒めなど、ひとり分のおかずをつくるときに使うことが多いです。

大きいほうは、つくりおきの煮物や、来客時にカレーなどをたくさんつくるときに使います。ほかには、ほうれん草をゆでるときも。深さ2～3cmの湯を沸かし、ほうれん草をサッとゆでます。大量の湯を沸かさなくいいので、ラクです。

九州からこの団地に引っ越して間もなく買ったのは、直径25cmほどの無水鍋です。

無水鍋でつくる焼きいも。水で洗ったさつまいもをアルミホイルに包み、無水鍋へ。水は入れません。弱火でじっくり1時間火を通します。

無水鍋を逆さまに使って、
餃子を焼きます。

もう55年使い続けていますね。かなり高価なもので、お料理をがんばろうと思って、奮発して選びました。

素材に含まれている水分を生かして調理できるのが特徴。カレーなどの煮込み料理がおいしくできます。ご飯が短時間で炊けるので、外出から帰ってきた後など慌てていたときに重宝しました。

無水鍋は蒸し料理も得意なので、プリンや茶碗蒸しなどもよくつくっていました。フタがフライパンにもなるので、餃子を焼くときに使えるなど、とにかく用途が広い鍋でした。

ひとり暮らしになってからは出番が少なくなりましたが、秋になると必ず焼きいもをします。さつまいもをアルミホイルで包んで鍋に入れ、弱火でフタをして1時間加熱するだけ。しっとりやわらかく、すごく甘い焼きいもになります。

左のおろし器は10年以上前、近くの大きな駅にある金物屋さんで買いました。

それまで、大根をおろすのは道具がイマイチで、面倒だなと思っていました。でも、これを使い始めてから、ストレスがなくなりました。底にゴムがついていて滑らないし、歯の部分に斜めに角度がついていて、おろしやすいのです。

しょうがを一度に全部すりおろすのも、このおろし器ならラクです。調理器具はなるべく増やさないようにしていますが、これは大正解の買い物でした。

お気に入りのおろし器。斜めなのがとてもおろしやすい。

湯を一度に沸かして保温ポットに。いつでもお茶が飲める

朝起きたら、やかんで湯を沸かすのが習慣です。

保温ができるポットに湯を移し、お茶を飲むときなどに使います。その都度、湯を沸かすのは手間だしガス代もかかるなと思って、この方法にしています。

高齢者は水分補給をこまめにしたほうがいいと言われますが、この保温ポットのおかげで、お茶をいれるのも苦ではありません。保温ポットの湯は1日で全部飲みきるようにしています。ポットのサイズは1リットルはあるでしょうか。

朝、起き抜けに水を1杯飲むのですが、寒い時期は沸かしたばかりの湯を飲むことも。時々、その中に自家製の梅干しの種を入れると、体が温まります。お弁当に梅干しの実の部分を入れたとき、もったいなくて捨てられなかった種を活用します。

赤いやかんは野田琺瑯のもの。10 年以上前にひと目ぼれで買いました。赤は元気が出る色。電子レンジや布巾の色も赤を選び、アクセントにしています。

よく飲むのは、日本茶です。茶葉は処分が面倒なので、ティーバッグにしています。湯飲みに直接ティーバッグは入れずに、まずは急須に入れて湯を注ぎ、少し蒸らします。茶葉は使わないけれど、ここは少し時間をかけます。ひとりなので、ティーバッグは1日1個。急須に入れっぱなしにして、2~3回湯を入れて飲みます。

紅茶も好きです。昼寝の後、おやつにプリンを食べるときは、紅茶を飲むこともあります。

コーヒーは飲めないけれど、スティックの甘いカフェオレやココアは時々、おやつに飲みます。カップに粉を入れて湯で溶くだけで、おいしくできます。

夏以外は、冷たい飲み物はほぼ飲みません。晩酌のお酒も常温が多いです。昼食に、味噌汁やスープなど、温かいものをなるべくとるようにしています。

他に、朝食のスムージー、夜寝る前のレモン酢牛乳で、それぞれ牛乳をコップ1杯ずつ飲んでいます。水分補給は特別に意識していませんが、1日の習慣になっているようです。

上／毎日使っているガラスの急須。素朴な湯のみで。
下／自家製梅干しの種は捨てずに置いておき、お湯に入れて。刺し子のコースターはお手製。

運動がてら日に1回は買い物へ。
米など重い食材は配達を利用

日々の買い物は、団地内のスーパーに1日1回行っています。卵、牛乳、豆腐、プリンなど日常よく食べているものを買っていますが、量が多いと重くて4階のわが家まで階段を上がれないので、こまめに。

それに、買い物はいつでもワクワクするし、顔馴染みの店員さんとのおしゃべりも楽しいから、1日1回がいいペースです。

行く時間は、お店がオープンする10時に。するべきことは午前中の元気なうちに終わらせると、気持ちがラクです。晩酌のお供の豆腐とおやつのプリンはお気に入りの商品があり、午後には売りきれることがあるので、やっぱり早めがいいですね。

米や醤油、キャベツなどの重いものは、スーパーで配達してもらいます。1回2000円以上買うと配達料が無料になるので、その金額になるよう注文して、月1

エコバッグは長年使い込んだお気に入り。所々穴があいていますが、全体は丈夫でまだまだ使えます。

回くらい利用しています。次男親子が来たとき、車を出してもらうことも。

買い物に行く前に必ず、買い物メモをつくります。メモがないと、買い忘れるものがあるし、逆に家にあることを忘れて買ってしまうこともあるからです。

年齢とともに忘れっぽくなっているので、日々生活しているときに、「もうすぐなくなりそうだな」と思うものは、その都度メモしておきます。このメモが在庫管理にもなっているのかも。近くのスーパーの買い物、車でのまとめ買いでも、とにかく買い物をするときはいつでもメモをつくります。

だから、わが家には、チラシなどの裏紙を切った自家製メモ用紙がたくさんあります。買い物だけでなく、忘れてはいけないことはとにかくメモを。

忘れ物防止と言えば、最近は外出する前日に、必ず持ち物を用意します。当日、慌てて用意すると、忘れ物をするんじゃないかと不安になるので。年齢とともにできないことが増えますが、メモをとる、時間に余裕を持つなど、できることで対応したいと思います。

団地の狭い台所で「いつもスッキリ」を保つ方法

とにかく狭いキッチンなので、スペースを有効に活用しています。

フライパンや無水鍋は吊るして収納しようと思い、台所の天井と壁の境目の木の部分に、自分で釘を打ってフックをつくりました。フライパンや鍋のサイズを測り、3つ並べて吊るせるような位置に釘を固定。若い頃は、このくらいのＤＩＹはよくやっていました。今でも大活躍している収納場所です。

調理スペースがないので、まな板をシンクに渡して調理台代わりにしています。

水切り台は、実はシンク上の棚の下段を外したもの。たまたまサイズがぴったりでした。この水切り台に多くの器は置けないし、シンクの中も狭いです。洗い物はためずに、調理しながら調理道具を洗います。食べ終わったら、すぐに器も片づけます。

50 数年前、自分で釘を打ってつくったフライパン収納。
換気扇上も調理道具を置く場所に。

狭い台所。まな板はシンクに縦に渡して。お玉やピーラーは「吊るす収納」にして、スペースを有効活用。

器を洗って水切り台に置いたら、布巾で残っている水分を拭いて、すぐに食器棚にしまいます。布巾は多めに用意し、シンクの近くの引き出しに収納しています。布巾が濡れたらどんどん替えて、後片付けを早めに終わらせます。

鍋やフライパン、ボウルなど大きいものは、洗ったらキッチンの脇にあるベランダに干しておきます。日が当たるので、よく乾くのです。

後片付けはどうせ自分がやること。サッと済ませれば、あとは自由な時間です。何ごと

引き出しにたくさんある布巾。好きな柄を楽しんで。

泡タイプの漂白剤はとても便利です。毎晩のルーティン掃除に。

も気がかりは残したくないので、早めに終わらせて手放します。

1日の終わり、寝る前に習慣にしているのは、シンクの排水口の掃除です。お風呂に入って、あとは寝るだけとなったら、取りかかります。

まずは、排水口の器具を分解して洗剤で洗います。器具を戻しながら、途中で泡タイプの塩素系漂白剤をかけます。最後に、さらに上から漂白剤をかけ、少し置いて、水を流しておしまい。

1日の終わりに排水口をきれいにしておくと、翌朝も気持ちよくキッチンを使うことができます。

食費のやりくりはオリジナル家計簿で

20代前半、大阪でひとり暮らししながらお勤めをしていたとき、高校の同級生が1ヵ月泊まりに来ました。栄養士の資格をとり、大きな病院に就職が決まっていた、しっかり者のお友達です。

彼女が就職するまでの期間限定、せまい下宿での共同生活でした。そのとき、家計簿のつけ方や料理など、生活の知恵を色々授けてもらいました。

「あなたの給料だと、1日80円で暮らさないといけない。家計簿をつけたほうがいい」と友達が言うので、私は教えてもらいながら家計簿のつけ方をマスターしました。そうしたら、「姉にも同じことを教えたけど、三日坊主で終わった。あなたはエライ！」とほめてくれ、うれしかったのを覚えています。

60年以上たった今でも、改良はしていますが、このときの方法で家計簿をつけています。友情もその後ずっと続いていました。

私は子どもの頃から貯金魔です（笑）。

8歳下の妹に、「みっこ姉ちゃんは、家にいるときから『1円でも2円でも拾ったら、こうやって貯めときなさい』って、引き出しに箱を用意していた」と笑われます。今で言う、小銭貯金をやっていました。

大人になってからも貯金は好きでした。必ずお金を貯めてから、大きいものは買っていました。500円玉貯金もしています。

結婚してからは、夫の給料が上がっても上がらないつもりで、生活費を増やさず、その分貯金していました。夫とふたり暮らしのと

家計簿

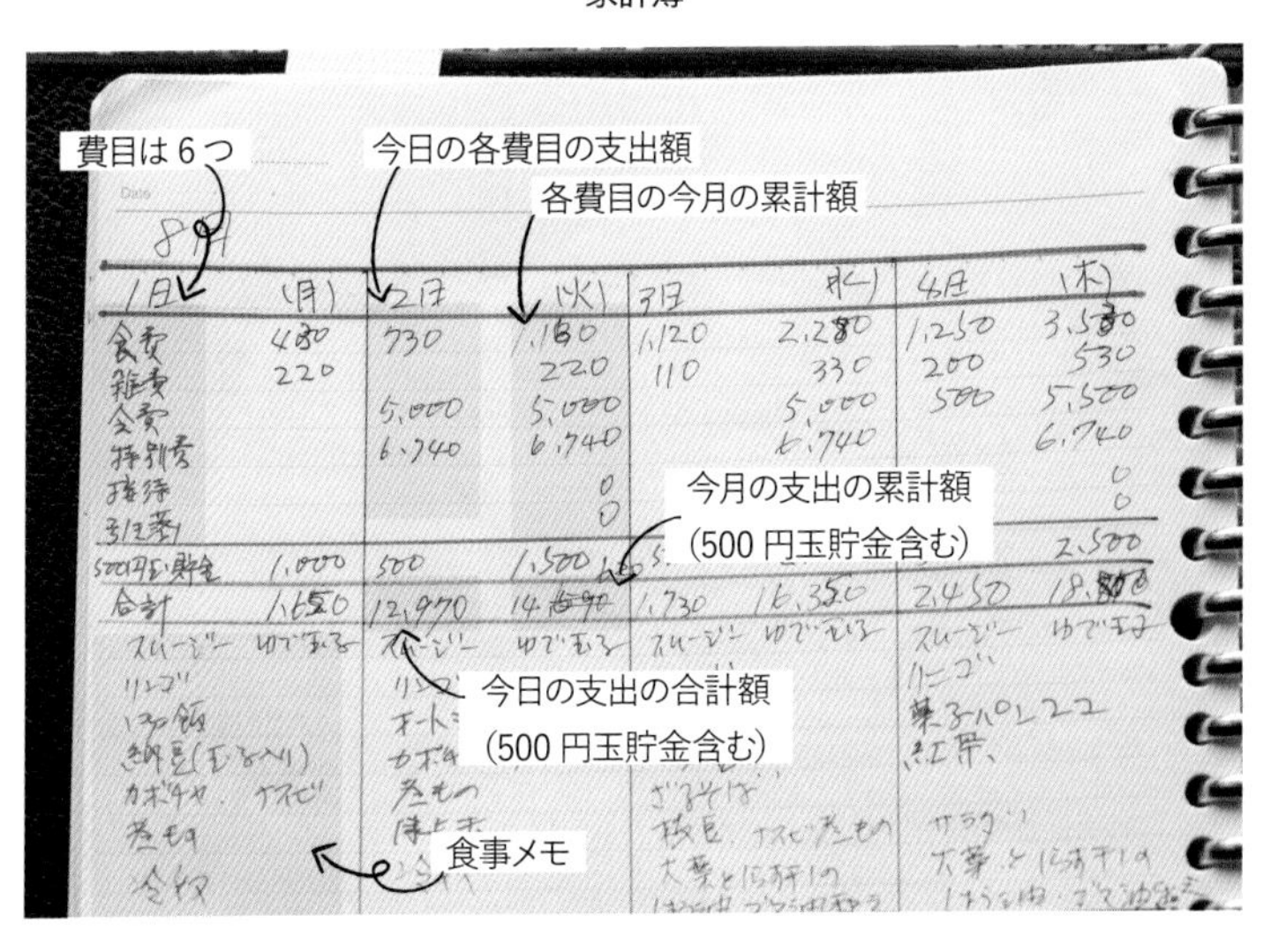

きは、夫だけの年金でやりくりしていました。夫は9歳年上だったので、いずれは私がひとり残されると思って、その準備のつもりでした。

今は年金の範囲内で生活費をやりくりして生活しています。

家計簿は、ルーズリーフを使った簡単なものです。ルーズリーフの前半部分は、買い物をした店ごとに金額を書く現金出納帳。後半部分に、現金出納帳の金額を費目ごとに合計して記入しています。

費目は「食費」「雑費」「会費」「特別費」「接待費」「引き落し」の6つ。1日1枠にし、左に今日の支出金額、右にその月の累計額を書くシステムです。今日の支出だけでなく、今月いくら使ったのかがわかるから節約効果があります。

接待費は、最近つくった新しい費目です。1ヵ月の食費を決めているのですが、次男親子が来たときにちょっといい食材を買うと、予算からはみ出してしまうのです。そこで、食費とは別に接待費に(笑)。これは年金ではなく貯金から出します。

これからは貯金は残さずに、きちんと使って死にたいと思います。

巻末対談

在宅栄養専門管理栄養士・塩野﨑淳子さん

塩野崎：はじめまして。『87歳、古い団地で愉しむ ひとりの暮らし』を拝読して、ご自宅にお邪魔できること、多良さんにお目にかかれることを、とても楽しみにしていました。

本の写真の通り、素敵なお部屋ですね！ 居心地がよくて、落ち着きます。多良さんもお元気で、はつらつとされていますね。

多良：塩野崎さんの『70歳からは超シンプル調理で「栄養がとれる」食事に変える！』を読ませていただいて、とても参考になりました。本の中で紹介されていた、冷凍のブロッコリーや野菜の水煮は、早速活用させてもらっています。

栄養のプロである管理栄養士さんに、私の簡素な食事内容をどう判定されてしまうか……今日はドキドキです。よろしくお願いします。

塩野崎：いえいえ。こうして88歳でお元気だということが、食事のとり方が間違っていない、何よりの証拠です。

――主に病気の高齢者を訪問し、栄養食事指導をする仕事

多良：塩野崎さんの「在宅栄養専門管理栄養士」とは、どんなお仕事ですか？

塩野崎：在宅で療養したり介護を受けていたりする方の、栄養食事指導をしています。私は地元のクリニックに所属し、医師から栄養指導を受けるように指示されている方々を訪問しています。

主に高齢者で、腎臓病や糖尿病、高脂血症など食事管理が必要な病気である場合が多いですね。

そのような方々の日々の食事を確認して、たとえば「脂質を減らしま

塩野崎淳子

（しおのざき・じゅんこ）

1978年大阪府生まれ。2001年女子栄養大学栄養学部卒。宮城県仙台市在住。
長期療養型病院勤務を経て、訪問看護ステーションのケアマネジャーとして在宅療養者の支援を行う。現在は在宅栄養専門管理栄養士として活動。「高齢者の栄養管理」の最前線に立ち、日々簡単につくれて栄養をしっかりとれるレシピを提案。地元仙台で介護予防教室の講師も務める。
著書に、10万部突破の『70歳からは超シンプル調理で「栄養がとれる」食事に変える！』（若林秀隆監修・すばる舎）がある。

しょう」とアドバイスをするだけでなく、「こんな食事にしてはどうですか」とレシピを提案したりします。

食事づくりを担当するのはご家族のことも多いので、ご家族の支援をすることもあります。

多良：食べたいものを制限されるのは、少しつらそうですね。

塩野﨑：栄養指導というと、「あれもダメ、これもダメの食事制限」を連想される人が多いですが、私は「寄り添う食支援」をモットーにしています。

食べることは人生の大きな楽しみ。今の食事は大きく変えず、「とりすぎているものは引く」「少ないものは足す」の、ちょっとした工夫で栄養バランスを整えながら、日々の食事を大いに楽しんでいただきたいと思っています。

多良：そう聞いて、少し安心しました。

――食事メモを前に。スムージーのごまが多すぎる!?

塩野﨑：前もって、1ヵ月分の食事メモを見させていただきました。ご自分で3食用意し、よくやってらっしゃいますね。ご立派です。

多良：ありがとうございます、うれしいです。

塩野崎：血圧の薬を飲んでらっしゃるそうですね。

多良：はい、一番弱い降圧剤をもらっています。血圧の上が140を超えたとき、主治医から薬をすすめられました。

最初は薬が強すぎてフラフラしてしまい、弱いものに変えてもらいました。それで、今は上が130、下が75です。先生からは「ちょうどいい」と言われています。

他にコレステロール、中性脂肪もちょっと高めで、薬をもらっています。

塩野崎：コレステロールと中性脂肪が高いとのことですので、高脂血症に注意が必要ですね。でも、食事の内容を見ると、肉が多い、油を使った料理が多いなど、症状を助長するメニューはなさそうです。

肉よりも魚をよく食べてらっしゃるし、野菜もしっかりとられています。基本的には、今の食事を続けられていいと思います。

少し気になったのは、鶏皮を使ったメニューです。鶏皮はコラーゲンなど栄養価も高いですが、脂も多い食材です。

多良：熱湯でしっかりゆでて、さらに水洗いしていますが、脂は落ちないものでしょうか？

塩野﨑：残念ながら、ゆでたくらいでは全部は落ちないですね。脂は水には溶けないので、タンパク質と一緒に固まっています。

多良：そうなんですね、知らなかった……。

塩野﨑：やめる必要はありませんが、月に1回ぐらいのほどほどに。

多良：はい。もともと、食べる量は少なめでしたが、アドバイスをいただいたので、さらに食べすぎないように心がけます。

塩野﨑：それから、朝のスムージーに入れるすりごまは、どのくらいの分量を入れてらっしゃいますか？　ごまはタンパク質、ビタミンなどが豊富ですが、脂質も多いです。体に良いからとたくさんとる方もいますが、逆効果なことがあります。

多良：プロテインの袋についているスプーンで、1杯です。大さじ1くらいだろうと思っていたけれど……。

（計り直してみて）あら、大さじ1より多い。20gあるわね。

塩野崎：それはちょっと多めですね。そのスプーンの半分くらいでいいでしょう。

多良：私も、ごまは体に良いからたくさんとろうと思っていましたが、脂質のことまで考えていませんでした。早速減らします。

――夜に炭水化物をとらないのが気がかり

塩野崎：もうひとつ気になったのは、夜に炭水化物をとられないこと。寝ているとき、悪夢を見たりしませんか？

多良：夢は毎日見るけれど、嫌な感じが残るものがあります。たとえば、高い建物から飛び降りたり、自分の家に帰りたいのに全然たどり着けなかったり……。

塩野崎：専門医に聞いたことがあるのですが、睡眠中に低血糖になる「夜間低血糖」というものがあって。夜間の血糖値は、夕食から維持されます。夕食に糖質をとっていないと、血糖値が下がり、寝ているときに悪い夢を見やすくなったり、寝汗をかいたりするそうです。

食事メモを見ると、昼からほとんど糖質の摂取がないので、夕食に軽くでも炭水化物をとられることをおすすめします。

塩野﨑：夜に炭水化物は、ちょっと重いなと感じていて……。

多良：たくさんでなくていいんです。小さいおにぎりや雑炊、うどんや煮麺でも。

冬に湯豆腐を召し上がるときに、最後に素麺を入れて煮麺にするのはいかがですか。うどん1玉が重いときは、半玉のものも売っています。何かしら糖質をとっていただければ。

塩野﨑：いも類やかぼちゃでもいいでしょうか？

多良：いいですね。夕食に、里いもやかぼちゃの煮物なんかをプラスされてみてはどうでしょう。

塩野﨑：どちらも大好きなので、すぐに試してみます。

高齢者は少しぽっちゃりなほうが長生きのデータも

多良：夜だけでなく、1日全体を通して、ご飯など炭水化物をもっと召し上がっていいと思います。エネルギーが足りていないかも。タンパク質は結構とれてらっしゃいます。

多良：そうなんですか。炭水化物、糖質は太ると聞いたから、実は節制していたんです。若い頃から太りやすいので、気にしていました。

塩野崎：今の体重は？

多良：52kgです。身長は155cm。縮んでしまいました（笑）。

塩野崎：（電卓で計算して）BMIは21・6ですね。標準体重です。70歳以上はBMI27が一番死亡率が低いというデータがあります。多良さんの場合、BMI27というと64kgです。そこまで増やす必要はありませんが、今よりもう少し体重が増えても心配ありません。

多良：50kgがベスト体重なので、もっと痩せなきゃと思っていました。でも、体重を増やすと、体の動きが重くなりそうね……。

塩野崎：それはたしかにありますね。体重が増えると、膝に負担がくるという心配もあります。「60kg程度までは増えてもいい」くらいの気持ちで、炭水化物をおとりくだされば。

多良：本当はご飯大好きだから、うれしいです！

――食物繊維、タンパク質もとれる。お米はすばらしい

塩野﨑：今の高齢の方たちは、肉や魚はよくとれてらっしゃるんです。「タンパク質が大事」という情報が出回っているので。

多良：それは私もです。肉や魚をなるべく食べるようにしているし、毎日、朝食にゆで卵も欠かしません。

塩野﨑：とても良いことなのですが、反対に、多良さんのようにご飯を食べるのが減っている人が多いのです。その結果、1日の総摂取カロリーが減って、「カロリー（エネルギー）不足」になりがちです。

肉や魚は、ご飯のようにたくさんは食べられません。ご飯1杯分（150g）約250カロリーをとるのに、たとえば鶏もも肉（焼き）100g、唐揚げなら3個食べることになります。

通常のおかずを食べたうえで、さらに追加で食べるとなると大変です。

多良：そんなにたくさん！

塩野﨑：それに、ご飯は貴重なタンパク源でもあります。

米のタンパク質含有量（ご飯1杯分約3・8g）は多くはないですが、3食しっかりとっていれば約11・4gのタンパク質を摂取できます。

昔の日本人は、今ほど肉や魚はたくさん食べていませんでしたが、ご飯、さらにはたっぷりの豆を食べてタンパク質を補っていたのではないかと思います。

また、ご飯には、高齢者に不足しがちな食

物繊維も含まれています。

多良：便秘も気になります。

塩野﨑：多くの日本人は、食物繊維をご飯からとっています。ご飯1杯（精白米・約150g）には約2・2gの食物繊維が含まれますが、3膳食べれば約6・6gとれます。

もちろん、ごぼう、きのこ、海藻など食物繊維が多い食材はありますが、なかなか毎日食べるものではありません。

1日の食物繊維の摂取目標量は、75歳以上の女性では17g以上なので、便秘改善のために、おかずは野菜、きのこ、海藻を取り入れながら、ご飯もしっかり食べてほしいですね。

多良：ご飯はすごいですね。

塩野﨑：朝は主食を召し上がらないのですね。

多良：夫がいた頃はパンを食べていましたが、ちょっと重くなって。今は食べていません。

塩野﨑：スムージーに入れるオートミールは、炭水化物になりますね。すりごまを減らすことをご提案しましたが、減らした分、オートミールを増やされてもいいかもしれません。

今の食事は大きく変えず、「少ないものは足す」ように考えるのが、無理なく続けていくコツです。

多良：なるほど。それならちょっとの変化ですみますね。やってみます。

塩分を排出するカリウム豊富な果物を積極的に

多良：高血圧に関係する、塩分についてはどうでしょう。

塩野﨑：朝食には塩分がほとんど含まれていないし、1日トータルで見て、塩分はとりすぎてはいなさそうです。

多良：そうですか。安心しました。ただ、ぬか漬けのきゅうりを1日1本、さらに大根も食べていますが……。

塩野﨑：それはちょっと多いかも（笑）。もう少し控えめにしていただいて。ただ、ぬか漬けにした野菜からはビタミンB1がとれるので、ぬか漬け習慣はぜひ続けてくださいね。

多良：ぬか漬けが大好きだから……。食べる量を少なくします。

塩野﨑：塩分（ナトリウム）をとったら、それを排出するカリウムをとるのも大事です。

腎臓の問題がない場合は、カリウムをしっかりととっていただきたいです。カリウムは肉や野菜に多く含まれていますが、果物もいいです。

多良：ひとりだと食べきれないので、果物はしょっちゅうは買わないのですが。りんごだけは毎朝、半個食べています。柿が大好きで、

秋にはよく食べます。

塩野﨑：柿はカリウム豊富なので、いいですね。カリウムを効率的に摂取したい場合は、ドライフルーツもおすすめです。

おやつにミックスナッツを召し上がるとのことですが、レーズン、干し柿、プルーン、いちじくなどドライフルーツを混ぜておいてもいいですね。生の果物と違い、ドライフルーツなら保存がききますし。

多良：それはできそう！　早速やってみます。

塩野﨑：バナナもいいですよ。朝か夜に1本つけてはどうでしょう。糖質もとれるし。

多良：夫がいた頃は、スムージーにバナナも入れていましたが。今使っている、ひとり用の小さいミキサーだと、バナナを入れたらあふれちゃうので（笑）。1本は食べきれないし……。

塩野﨑：わが家では、1房買って食べきれないときは、1㎝くらいの輪切りにして冷凍してしまいます。お腹が空いたとき、アイス代わりに子どもたちが喜んで食べていますよ。

スムージーに、凍ったまま2~3切れ入れるのはいかがでしょうか。それくらいなら、あふれることもないでしょうし。

多良：冷凍するなら、1房買っても大丈夫ですね。

——おすすめの冷凍野菜。レトルト介護食もお試しを

多良：先にも言いましたが、冷凍野菜は高齢者のひとり暮らしにはもってこいですね。ブロッコリー、かぼちゃ、さといもなど、どれも便利に使っています。

塩野﨑：冷凍かぼちゃは病院でも使っています。下ごしらえが済んでいるので、味をつけて煮るだけです。

いんげんもぜひお試しを。わが家では、刻んで三色丼の1色にしたりしています。いんげんを小口切りにしてフライパンでごま油と炒め、めんつゆで味付けします。下ゆでされているから加熱時間も短いし、必要な分だけ使えるので便利です。お肉のそぼろ、炒り卵、いんげんで三色丼の完成です。

多良：お弁当に炒り卵ののった海苔弁を持っていきますが、刻みいんげんを加えたら

彩りがきれいになりそう。

塩野崎：刻みおくらも手軽でいいですよ。味噌汁に入れたり、大根おろしと和えたり、しらすと混ぜたり。

それから、管理栄養士の間で「これ、使えるよね」と近頃言われているのが、「揚げなす」です。

多良：冷凍で揚げなすがあるんですか？

塩野崎：そうなんです。めんつゆにつけて揚げ浸しにしたり、他の野菜と炒めたり。味もおいしいです。

多良：それは簡単ですね。

塩野崎：レトルトの介護食品も便利ですよ。やわらかく調理してあったり、噛まなくてもいいようにペースト状になっていたりして、食べやすいです。とろみがついた形状のものを冷奴にかけたりすれば、簡単に魚や肉、野菜などをプラスできます。

多良：介護食品は夫の看護のときに色々試しましたが、要介護でない私でも使っていいものなのかしら？

塩野﨑：もちろんです。スーパーやドラッグストアでも売っていますから、ぜひお試しください。そのまま召し上がるだけでなく、アレンジもおすすめです。

ご飯に介護食品のマカロニグラタンをかけ、その上に溶けるチーズをのせてトースターで焼けば、ドリアになります。

多良：アレンジで、メニューが広がりそう！

車いすでひとり暮らしができる団地のこと

――塩野﨑：これからもずっと、この団地に住むおつもりですか？

多良：元気なかぎり、ここでがんばりたいです。

塩野﨑：お元気ですから、まだまだおひとりで暮らせそうですね。万が一、車いす生活となったとき、エレベーターがないのが心配ではありますよね……。

私が訪問している中に、車いすでひとり暮らしをしている方がいます。その方が暮らしているのも公団なのですが、入居する1階が車いすの方専用のフロアなのです。車いすでも料理ができるように、シンク下に空間があるなど、工夫が施されたキッチ

2-A
2-B

ンになっています。

多良：それはいいですね。いざとなれば、そうしたところも検討したいです。

塩野崎：何かアクシデントがあったとき、ご自分が何を優先したいかを考えておかれるといいですね。この部屋に住み続けたいのか、それとも、ひとり暮らしをとにかく続けたいのかなど……。

多良：本当は、その両方です。

でも、そのときの状況に合わせて、色々なサービスを利用してここでひとり暮らしをするか、教えていただいたようにひとり暮らしができる場所に引っ越すか、子どもたちの家の近くの施設に入るかなど、考えたいと思います。

とはいえ、あまり先のことは考えすぎないようにしています。今日1日、楽しく過ごし、精一杯生きることが、明日の元気につながると思っています。

塩野崎：そうですね。食べることは生きる力ですから、今の調子で自炊を続けてくださいませ。今日のお話も、できる範囲で取り入れていただけるとうれしいです。

多良：今日はありがとうございました。とても参考になりました。

（後日談：塩野﨑さんにアドバイスいただいたこと、早速取り入れています。スムージーのごまは減らしました。夕食に煮麺などをとるように。バナナも冷凍しています。ドライフルーツも買って、ミックスナッツに混ぜています。ヨーグルトも食べています。）

デザイン……野本奈保子（ノモグラム）
撮影……馬場わかな
イラスト……松尾ミユキ
執筆協力……大橋史子（ペンギン企画室）
編集……水沼三佳子（すばる舎）

〈著者紹介〉

多良美智子（たら・みちこ）

昭和9年（1934年）長崎生まれ。8人きょうだいの7番目。戦死した長兄以外はみな姉妹。10歳のとき母を亡くし、父や姉たちに育てられる。小学生のとき戦争を体験、被爆する。27歳で結婚後、神奈川県の現在の団地に。8年前に夫を見送り、以来ひとり暮らし。
2020年に10代の孫と始めたYouTube「Earth おばあちゃんねる」では、日々の暮らしや料理をアップし、登録者数15万人を超える大人気チャンネルに。
料理上手で食い道楽だった父の影響で、昔から料理が好き。「自分の好きなものを好きな味で食べられる」ことが何よりうれしい。65歳のとき専門学校に1年通い、調理師免許を取得。70年に及ぶ料理歴の間に、ありとあらゆる料理をつくってきたが、高齢でひとり暮らしの今は、「調理はごく簡単に」がモットー。
著書に12万部のベストセラー『87歳、古い団地で愉しむひとりの暮らし』（すばる舎）。

[Earth おばあちゃんねる]
https://www.youtube.com/c/Earth_Grandma

88歳ひとり暮らしの 元気をつくる台所

2023年 3月19日　第1刷発行
2023年 4月12日　第4刷発行

著　者――多良美智子

発行者――徳留慶太郎

発行所――株式会社すばる舎

〒170-0013　東京都豊島区東池袋3-9-7 東池袋織本ビル
TEL　03-3981-8651（代表）　03-3981-0767（営業部）
FAX　03-3981-8638
http://www.subarusya.jp/

印　刷――ベクトル印刷株式会社

落丁・乱丁本はお取り替えいたします

ISBN978-4-7991-1105-5

12万部のベストセラー！

87歳、古い団地で愉しむ ひとりの暮らし

多良 美智子

「この部屋で最期まで過ごしたい」――
できることは自分でし、健康に気を使って

第1章　87歳、古い団地で ひとり暮らしを愉しむ
第2章　調理は簡単に 食事を愉しむ
第3章　無理せずマイペースに 健康維持を愉しむ
第4章　ひとりの醍醐味 家時間を愉しむ
第5章　つかず離れずで 人付き合いを愉しむ
第6章　メリハリを持った お金の使い方を愉しむ
第7章　将来を心配しすぎず 今を愉しむ

四六判 224ページ
定価：1430円